Beate Schmitt

Ohne Milch und ohne Ei

Allergien und Laktose-Intoleranz
Rezepte und Praxistipps für den Familienalltag

Danke

Ich danke allen, die es mir ermöglicht haben, dieses Buch zu schreiben. Am meisten muss ich meinem Sohn Jan danken, denn wäre er ohne Allergien auf die Welt gekommen, hätte ich nie diese zahlreichen, wertvollen Erfahrungen gemacht.

Durch seine immer neuen Ideen und Wünsche wurde ich immer wieder angespornt, neue Rezepte und Ideen zu entwickeln.

Nicht immer ist es so, dass eine Krankheit nur negativ ist. Uns hat die Krankheit wachsen lassen.

Natürlich danke ich auch meinem Mann, der mich unterstützt hat und mir den Rücken frei gehalten hat, gerade im Endspurt bei der Entstehung des Buches, wo eigentlich zu Hause alles liegen geblieben ist. Er musste so manches Rezept, das Sie hier nicht finden werden, über sich ergehen lassen und feststellen, dass nicht alles wirklich essbar ist.

Ich danke auch den Mitgliedern der Selbsthilfegruppe „Allergiker Selbsthilfe e. V. Kelkheim", die mir in der Zeit von 1993 bis 2000 tolle Ideen gebracht haben oder auch immer wieder neue Fragen gestellt haben. Wir hatten tolle Gruppenbackabende und Kochkurse.

So nun genug gedankt – auf geht's!

Inhalt

Ein mühsamer Weg

Wenn Sie dieses Buch in den Händen halten, haben entweder Sie, Ihr Kind oder ein anderer Angehöriger eine Milch- oder Ei-Allergie. Es kann aber auch sein, dass Sie sich nur vegan ernähren wollen oder auf Ihren Cholesterinspiegel achten wollen. Der Schwerpunkt meines Buches liegt aber auf dem Thema „Allergien".

Irgendwann erfährt man, dass das Kind oder man selbst gegen Milch und Ei allergisch ist oder aus einem anderen Grund nicht verträgt. Den Ärzten fällt dazu meist nichts Besseres ein, als zu sagen: „Dann müssen Sie eben auf Milch oder Ei verzichten."

Die meisten Ärzte können Ihnen aber auch nicht sagen, wie Sie das machen sollen und schon gar nicht, in welchen Lebensmitteln diese Allergene als Zutaten verwendet werden. Was Sie einkaufen, kochen oder backen können, ist ab sofort Ihr Problem.

Aus eigener Erfahrung weiß ich, wie schwierig sich dies manchmal gestalten kann. Ich bin Mutter eines inzwischen 12-jährigen Sohnes, der eine lebensbedrohliche Milch- und Ei-Allergie hat. Das ist noch nicht alles. Eigentlich hat Jan, meine Inspiration, auch noch Neurodermitis, Asthma und Heuschnupfen. Von den zahlreichen kleinen Allergien wollen wir hier gar nicht sprechen. Hinzu kommt, dass auch mein Mann und ich Allergiker sind, unter anderem bin ich gegen Fisch hochgradig allergisch.

Als Jan drei Monate alt war, mussten wir feststellen, dass er eine lebensbedrohliche Allergie gegen Milch und Ei hat. Wie wir das gemerkt haben? Wir haben einen Milchbrei (eine Probe, die jede Mutter bei der Entbindung im Krankenhaus be-

▶ „Erfahrung ist eine nützliche Sache. Leider macht man sie immer erst kurz nachdem man sie brauchte!"

▶ Die Ärzte beruhigten uns zunächst damit, dass sich die Allergie bestimmt „verwächst". Nach einem Provokationstest war aber schnell klar: das Kind und wir werden mit der Allergie leben müssen.

kommt) zugefüttert. Nur wenige Minuten später war das Kind nur noch ein geschwollener, knallroter Körper, der wie verrückt schrie. Die herbeigerufene Ärztin stellte einen allergischen Schock fest und musste sofort mit Notfallmedikamenten behandeln, um einen Erstickungsanfall oder akutes Kreislaufversagen zu verhindern.

Zahlreiche Untersuchungen, Tests und Provokationen bestätigten dann den Verdacht: Festgestellt wurde eine Milch- und Ei-Allergie mit Gefahr eines anaphylaktischen Schocks. Schnell bemerkten wir auch, dass unser Kind sogar reagierte, wenn es mit den Allergenen nur in Berührung kam. Er bekam regelrechte Brandblasen auf der Haut, die sehr schmerzhaft waren.

Natürlich wurde uns von den Ärzten erst einmal mitgeteilt, dass sich das bestimmt verwächst. Die Experten in der Deutschen Klinik für Diagnostik (DKD) in Wiesbaden meinten dann aber nach einem Provokationstest, dass die Wahrscheinlichkeit, dass dieses Kind noch mehr Allergien bekommt, sehr hoch ist, da er schon so früh so stark allergisch sei.

Ich kann nur sagen – die Ärzte der DKD hatten recht. Die Allergien nahmen zu: Mit vier Monaten Neurodermitis – ohne Hinweis auf Nahrungsmittelallergien. Mit drei Jahren Heuschnupfen, zwei Monate später erstmals allergisches Asthma und Anstrengungsasthma.

In dieser Situation hat man als Mutter eine Vielzahl von Problemen zu lösen. Ich war bei vielen Ärzten und Therapeuten, habe sinnvolle, aber viel mehr unsinnige Tipps von Laien erhalten. Die meisten Leute meinten es sicher gut mit uns, aber sie hatten eben einfach keine Ahnung, wie der Alltag mit einem stark allergischen Kind aussieht.

Wissen Sie, wie anstrengend es ist, wenn Sie mit Kind im Sportwagen unterwegs sind und dem Kind bei jedem Einkauf irgendetwas angeboten wird? Sei es ein Stück Wurst, ein Brötchen oder Schokolade.

Wissen Sie, wie sehr es nervt, dann immer wieder zu begründen, warum das Kind gerade diese Sache nicht haben darf? Irgendwann hat man dann auch keine Lust mehr auf die Schilderung des Krankenberichtes und reagiert dann nicht mehr ganz so höflich. Und dann kommen Sprüche wie: „Na, bei der Mutter muss man ja Neurodermitis bekommen". Oder „bei der würde ich auch allergisch werden".

Viel Hilfe habe ich erhalten, als ich eine Selbsthilfegruppe gegründet habe. Dort durfte ich erfahren, dass andere Eltern das Gleiche erleben, sich ärgern, hilflos und verzweifelt sind.

Dort haben wir viele Ideen und Rezepte ausgetauscht. Wir haben Back- und Kochabende veranstaltet und dabei nicht nur viel gelernt, sondern auch viel gelacht.

▶ Eine große Hilfe waren Gespräche mit anderen Eltern, die ebenfalls betroffen waren. In der Selbsthilfegruppe haben wir gemeinsam viel gelernt, hatten aber auch jede Menge Spaß.

Schon wieder ein Buch über Ernährung?

Lange habe ich nach einem Buch mit geeigneten Rezepten gesucht und nichts gefunden. Die Bücher für Allergiker oder Neurodermitiker waren ja nicht auf unsere spezielle Allergie ausgelegt. Meist wurden dann doch Zutaten wie Sahne, Joghurt oder Ähnliches benutzt. So steht mein Regal voller Bücher, von denen ich keines richtig gebrauchen kann.

Deshalb habe ich jahrelang Rezepte gesammelt, umgebaut und neu entwickelt. So ist eine umfangreiche Sammlung entstanden, die ich nun gerne an andere Betroffene weitergeben möchte.

▶ Alle Rezepte in diesem Buch sind frei von Milch, Kasein und Ei. Sie stammen aus meiner umfangreichen Sammlung, die ich in all den Jahren zusammengestellt habe.

Die Rezepte in diesem Buch sind alle absolut frei von Milch, Kasein und Ei.

Mit diesem Buch möchte ich aber nicht nur Rezepte, sondern auch meine Erfahrungen weitergeben. Vielleicht kann der eine oder andere Bericht oder praktische Tipp Ihnen neue Anregungen geben oder eigene, schlechte Erfahrungen verhindern helfen.

Viel Spaß beim Lesen. Ich würde mich freuen, wenn ich von Ihnen eine Rückmeldung bekommen würde.

Beate Schmitt
(Allergieberaterin)

Allergie – Was ist das eigentlich?

Eine Allergie ist eine anormale, überschießende Reaktion des körpereigenen Abwehrsystems auf eine aus der Umgebung aufgenommene Substanz. Die Stoffe, die zu solchen Reaktionen führen können, beispielsweise Nahrungsmittel, Blütenpollen oder Hausstaub, werden Allergene genannt.

Der Körper produziert große Mengen Histamin, die zu den allergischen Symptomen führen. Diese Reaktionen können ganz unterschiedlich sein. So kann es von Augenjucken, Niesreiz, Hautjucken, Pusteln, Ausschlägen bis hin zu Atemnot, Asthmaanfällen und lebensbedrohlichem Schock alles geben. Dies hängt immer davon ab, wie stark die betroffene Person allergisch ist.

▶ Bei einer Allergie reagiert der Körper auf an sich harmlose Stoffe wie Nahrungsmittel, Pollen oder Hausstaub mit einer übertriebenen Abwehrreaktion.

Immunsystem auf Irrwegen

Zum Schutz vor schädlichen Fremdstoffen besitzt unser Körper wirksame Abwehrmechanismen. Haut und Schleimhäute stellen dabei die erste Barriere dar, sie wehren bereits den größten Teil der Eindringlinge ab. Dringt doch etwas ins Körperinnere und wird es im Körper als schädlicher Stoff ausgemacht, wird das Immunsystem aktiv. Gegen den Fremdstoff, das so genannte „Antigen", werden „Antikörper" gebildet, die diese außer Gefecht setzen. Beim Erstkontakt dauert es meist zwei bis drei Tage, bis die Abwehrkräfte mobilisiert sind. Diese Information wird vom Immunsystem gespeichert und beim nächsten Eindringen des Fremdstoffes, beispielsweise von Bakterien, stehen sofort die passenden Antikörper zur Verfügung – der Körper ist dagegen immun geworden.

▶ Das Immunsystem schützt den Körper durch die Bildung von Antikörpern vor schädlichen Stoffen.

▶ Reagiert der Körper auf einen Stoff allergisch, genügen schon kleinste Mengen, um das Immunsystem in Alarmzustand zu versetzen. Histamin und andere Mittlersubstanzen werden ausgeschüttet und sie können Augenjucken, Hautausschlag, einen Asthmaanfall, Durchfall oder einen lebensbedrohlichen Schock auslösen.

Mastzellen sind weiße Blutkörperchen, die überall im Bindegewebe zu finden sind. Sie sind mit kleinen Bläschen gefüllt, die Mittlersubstanzen wie beispielsweise Histamin enthalten. Bei einer Immunreaktion wird Histamin aus den Mastzellen freigesetzt. In den umliegenden Geweben kommt es dadurch zu Entzündungsreaktionen, die die Abwehr unterstützen können. Das Gewebe kann anschwellen oder aber die glatte Muskulatur wird beeinflusst und es kann zu einer Verengung der Luftwege oder zu Magen-Darmkrämpfen kommen. Wie stark diese Reaktionen sind, hängt im Normalfall von der Menge des eindringenden Stoffes ab.

Bei einer Allergie ist dieses ausgeklügelte Abwehrsystem außer Kontrolle geraten. Das Immunsystem verhält sich so, als ob an sich harmlose Stoffe wie Nahrungsmittel oder Blütenpollen eine Bedrohung darstellen. Beim ersten Kontakt geschieht zunächst nichts. Beim zweiten Kontakt hat das Immunsystem Antikörper gebildet, die das Allergen bekämpfen. Kleinste Mengen genügen nun, um den Körper in Alarmbereitschaft zu versetzen. Durch die Antigen-Antikörper-Reaktion schütten die Mastzellen große Mengen an Histamin und anderen Mittlersubstanzen aus – und dies unabhängig von der Konzentration des Stoffes.

Das Histamin kann in Augen oder Nase zu Juckreiz und vermehrter Schleimbildung führen, die Bronchien können sich zusammenziehen, so dass die Atmung behindert ist. Der Darm kann mit Krämpfen und Durchfall reagieren. Im Extremfall kann es zu einer starken Erweiterung der Blutgefäße kommen, infolgedessen sinkt der Blutdruck plötzlich stark ab und der Kreislauf bricht zusammen (allergischer Schock).

Im Gegensatz zu Infektionskrankheiten wird der Körper bei einer Allergie nicht gegen das Antigen immun. Der Organismus reagiert bei jedem neuen Kontakt mit dem allergieauslösenden Stoff, meist sogar mit gesteigerter Empfindlichkeit. Ist die Allergie erst einmal ausgebrochen, genügen schon kleinste Mengen des Antigens, um eine Reaktion hervorzurufen.

▶ Hauptauslöser einer Allergie sind ganz alltägliche Dinge. Nahrungsmittelallergien gehören mit zu den häufigsten Formen.

Die Symptome, die durch die Allergie hervorgerufen werden, sind nicht immer so eindeutig, dass sie sofort mit einer Allergie in Verbindung gebracht werden. Bauchschmerzen oder Durchfall können beispielsweise ganz unterschiedliche Ursachen haben, können aber auch durch eine Allergie hervorgerufen werden. Die Diagnose und des Erkennen des Allergens können daher der Suche nach einer Nadel im Heuhaufen gleichen.

Die meisten Allergiker sind nicht gegen „exotische" Sachen allergisch, wie seltene Früchte, Parfüms oder Lösungsmittel, sondern gegen Dinge des täglichen Lebens – Dinge, auf die der Körper im Normalfall nicht reagieren würde. Am häufigsten sind Pollenallergien, Nahrungsmittelallergien und Kontaktallergien.

Woher Allergien genau kommen, wissen selbst die Wissenschaftler nicht so recht. Die Theorien reichen von Umweltverschmutzung über falsche Ernährung bis hin zu Darmstörungen. Fest steht aber, dass es eine erbliche Komponente gibt. Die Bereitschaft, auf bestimmte Stoffe allergisch zu reagieren, ist angeboren. So weiß man, dass ein Kind von allergischen Eltern ein Risiko von mehr als 40 Prozent hat, selbst eine allergische Erkrankung zu bekommen. Wenn beide Elternteile die gleichen Allergien haben, dann liegt das Risiko schon bei 80 Prozent. Aber – was nützt dieses Wissen den ange-

▶ Das Allergie-Risiko wird von den Eltern auf die Kinder weitergegeben.
Daran sollten Sie denken, wenn Sie selbst eine Allergie haben und bei Ihrem Kind Krankheitssymptome auftreten, deren Ursachen zunächst nicht eindeutig zu klären sind.

▶ Bei einer Pseudo-
allergie bildet der
Körper keine Antikör-
per aus. Die Stoffe, die
eine Reaktion hervor-
rufen, wirken direkt.
Meist ist die Dosis
entscheidend für den
Schweregrad der
allergieähnlichen
Symptome.

henden Eltern? Man wird sich nicht gegen ein
Kind entscheiden, nur weil beide Elternteile die
gleichen Allergien haben …

Und was ist eine Pseudoallergie?

Nein, Pseudoallergiker sind nicht hysterisch. Es
handelt sich um eine besondere Form der Allergie,
die jedoch nicht wie „normale" Allergien im Haut-
und Labortest nachgewiesen werden kann, da keine
Antikörper gebildet werden.

Die Stoffe, die eine Reaktion hervorrufen, wirken in diesem Fall direkt. Beispielsweise können
Lebensmittel selbst viel Histamin enthalten (siehe
dazu Seite 23) und im Körper zu allergieähnlichen
Reaktionen führen. Oder aber die Stoffe veranlas-
sen die Mastzellen, ohne den Umweg über die Antigen-Antikörper-Reaktion, vermehrt Histamin
auszuschütten. Auslöser von Pseudoallergien können Farbstoffe, Konservierungsmittel oder Geschmacksverstärker sein. Aber auch Lebensmittel
wie Erdbeeren können zu allergieähnlichen Symptomen führen.

Eine Pseudoallergie ist nicht weniger gefährlich
als eine Allergie, auch sie kann lebensbedrohlich
sein. Allerdings hängt der Schweregrad der Reaktion häufig von der Menge des aufgenommenen
Stoffes ab. Es kann daher sein, dass ein oder zwei
Erdbeeren bei einer Pseudoallergie keine oder wenige Reaktionen hervorrufen – dies muss aber individuell ausgetestet werden.

Da im Blut keine erhöhte Menge an Antikörpern vorliegt, ist eine Pseudoallergie schwerer zu
diagnostizieren.

Auch eine Unverträglichkeit kann die Ursache sein

Kennen Sie das? Nach dem Essen von Milchprodukten haben Sie Bauchschmerzen, Krämpfe, Durchfälle, manchmal sogar Übelkeit und Erbrechen?

Bei solchen Reaktionen denken die meisten Menschen an eine Allergie, die wenigsten an eine Nahrungsmittel-Unverträglichkeit, auch Intoleranzreaktion genannt. So hat man festgestellt, dass die meisten Japaner, Thailänder und Afrikaner keine Milch vertragen, ohne eine Allergie dagegen zu haben. Dahinter steckt ein anderes biologisches Phänomen.

Milch enthält Milchzucker, auch Laktose genannt. Laktose ist in jeder Milch enthalten, also nicht nur in Kuhmilch, sondern auch in Schafs-, Ziegen- oder Stutenmilch.

Im menschlichen Darm hat das Enzym Laktase die Funktion, die Laktose zu spalten und so für den Körper verwertbar zu machen. Von Geburt an verfügt jeder Mensch über Laktase, damit er die Muttermilch verträgt. Im Laufe des Lebens können Menschen aber die Fähigkeit verlieren, dieses Enzym zu bilden. Fehlt es, gelangt der Milchzucker unverarbeitet in den Dickdarm. Dort kommt es dann zu Gärungsreaktionen und infolgedessen zu gesundheitlichen Beschwerden wie Blähungen, Durchfall oder Bauchkrämpfen. Mit zunehmendem Lebensalter nimmt die Enzymaktivität bei vielen Menschen immer mehr ab.

In Deutschland leidet etwa jeder Siebte unter einer Laktose-Intoleranz, so die Fachbezeichnung für die Erkrankung. Auch wer als Kind Milchprodukte vertragen hat, kann im Erwachsenenalter Probleme bekommen. Meist treten die Symptome

► Bei der Laktose-Intoleranz wird im Körper zuwenig Laktase gebildet. Dieses Enzym ist notwenig, um Milchzucker abzubauen. Fehlt es, gelangt der Milchzucker unverarbeitet in den Dickdarm und sorgt dort für gesundheitliche Beschwerden.

► Wie stark die Symptome sind, ist oft abhängig von der Menge des zugeführten Milchzuckers.

nicht sofort in voller Intensität auf, sondern nehmen über viele Jahre schleichend zu. Daher werden Unverträglichkeitsreaktionen oft erst wahrgenommen und vom Arzt diagnostiziert, wenn die Beschwerden schon massiv geworden sind.

Im Gegensatz zur Allergie findet bei der Laktose-Intoleranz keine Immunreaktion statt. Die Symptome sind häufig abhängig von der Menge des aufgenommenen Milchzuckers. Der Laktasemangel ist zudem nicht bei allen Menschen gleich stark ausgeprägt.

Für den Alltag ist es daher wichtig zu wissen, welche Mengen an Milchzucker vertragen werden und wann mit Beschwerden zu rechnen ist.

Bei Kuhmilchallergie ist **Milcheiweiß** der problematische Bestandteil der Lebensmittel. Milchzucker (beispielsweise als Zutat in Fertigprodukten) wird oft ohne Probleme vertragen. Milch und Milchprodukte, auch in kleinsten Mengen, können eine Reaktion hervorrufen.

Eine **Milchallergie** kann meist mit einem Allergietest nachgewiesen werden. Der Körper bildet Antikörper. Bei starken Allergikern kann die Aufnahme des Allergens lebensbedrohliche Folgen haben.

Bei Laktose-Intoleranz muss **Milchzucker** gemieden werden. Je nachdem wie ausgeprägt die Unverträglichkeit ist, werden teilweise kleine Mengen Milch (beispielsweise in Tee oder Kaffee) oder Sauermilchprodukte wie Joghurt vertragen. Die Symptome sind abhängig von der Menge des aufgenommenen Milchzuckers. Wer eine ausgeprägte Laktose-Intoleranz hat, muss alle Milchprodukte meiden und daher bei den Lebensmitteln auch darauf achten, ob **Milcheiweiß** enthalten ist.

Eine **Laktose-Intoleranz** kann man nicht im Allergietest nachweisen. Es muss ein spezieller Laktose-Test (siehe S. 20) gemacht werden.

Eine Laktose-Intoleranz kann nicht lebensbedrohlich verlaufen, man wird sich nur oft, je nach Stärke der Erkrankung, schlecht fühlen.

Die Unterschiede erkennen

Allergietests

Eine Allergie kann durch verschiedene Testmethoden festgestellt werden.

Die üblichsten Tests sind **Hauttests.** Dabei wird das Allergen auf die Haut aufgebracht, in der Regel auf der Innenseite der Unterarme. Nun werden diese Stellen mit einer Spezialnadel angestochen **(Pricktest)** oder oberflächlich angeritzt **(Scratchtest)**, damit das Allergen in den Körper eindringen kann. Je nach Test kann es bis zu 20 Minuten dauern, bis der Arzt den Test abliest und interpretiert. Bei hochgradig sensibilisierten Menschen kann bereits durch bloßes Reiben mit dem Allergen **(Reibetest)** eine Reaktion hervorgerufen werden. Bei einer Allergie treten meist an den Stellen Rötungen, Juckreiz bis hin zu Pusteln auf.

Der Test wird meist bei Allergieverdacht gegen Tierhaare, Hausstaubmilben, Nahrungsmittel und Pollen gemacht.

▶ Meist wird zunächst mit einem Hauttest versucht, der Allergie auf die Spur zu kommen.

Bitte beachten Sie, dass Sie mindestens drei Wochen vor dem Allergietest keine Antihistaminika oder Kortison zu sich genommen haben sollten. Diese schwächen die allergische Reaktion ab und könnten daher das Ergebnis des Testes verfälschen.

Teilen Sie Ihrem Arzt mit, welche Medikamente Sie wann zuletzt genommen haben. Auch der reichliche Verzehr von Bananen, Alkohol oder anderen histaminhaltigen Nahrungsmitteln (siehe Liste auf S. 23) am Vorabend kann das Ergebnis verfälschen.

Der **Intrakutantest** funktioniert ähnlich dem Pricktest, nur wird hier das Allergen mit einer Spritze in höherer Dosierung unter die Haut gespritzt: eine relativ schmerzhafte Angelegenheit. Auch ist das Risiko für starke Allergiker größer.

Der **Patchtest,** auch **Atopie-Patch-Test** genannt, ist ein Pflastertest, durch den hauptsächlich Kontaktallergene (Kosmetika, Nickel, Hautpflegemittel) getestet werden. Dazu werden Pflasterstreifen mit den zu testenden Stoffen auf den Rücken geklebt. Die Teststreifen müssen 48 Stunden auf der Haut bleiben, da sich Kontaktallergien meist erst nach einer gewissen Zeit zeigen. Während das Pflaster getragen wird, darf nicht gebadet oder geduscht werden. Auch Schwitzen oder starke Sonneneinwirkung kann das Testergebnis verfälschen.

▶ Ein Labortest wird durchgeführt, wenn Hauttests keine eindeutigen Ergebnisse liefern. Sinnvoll ist er bei einer Nahrungsmittelallergie.

Nach der Wartezeit werden die Pflaster entfernt und eine erste Begutachtung kann vorgenommen werden. Danach wird nach 48 Stunden noch einmal das Testergebnis abgelesen.

Der Vorteil dieses Tests liegt darin, dass auch Allergien gefunden werden, die nicht schon in den ersten 20 Minuten zu einer Reaktion führen.

Der Nachteil: Es kann sein, dass es schon nach wenigen Stunden anfängt zu jucken und dann ist es schwer, zweimal 48 Stunden durchzuhalten.

Ein **Labortest** wird durchgeführt, wenn Hauttests nicht angewandt werden können oder nicht aussagekräftig genug sind. Der Vorteil für den Allergiker ist, dass es nicht zu unerwünschten Komplikationen kommen kann.

Beim **RAST** (**R**adio-**A**llergo-**S**orbens-**T**est) handelt es sich um eine etwas kostspielige Untersuchung, weshalb nicht jeder Arzt auch gleich mit Begeisterung dabei ist. Der RAST ermöglicht den spezifischen Immunglobulin-E-Spiegel im Blutserum zu bestimmen. Im Falle von Nahrungsmittelallergien ist der RAST effektiver als ein Hauttest, zudem werden die Resultate nicht durch Medikamente oder Nahrungsmittel beeinflusst. Mit Hilfe des RAST kann man auch Nahrungsmittelallergien von Pseudoallergien unterscheiden.

Immunglobuline sind spezifische Eiweißkörper, die je nach Funktion und Eigenschaft in verschiedene Klassen eingeteilt werden. Das Immunglobulin E (IgE) macht mengenmäßig den geringsten Anteil an Immunglobulinen aus, wird aber bei den meisten allergischen Reaktionen als Antikörper produziert.

Ein positiver Allergietest bedeutet aber nicht immer, dass Sie auch allergisch reagieren. Es bedeutet nur, dass Sie sich sensibilisiert haben. Gewissheit kann dann nur eine orale Provokation geben!

Prick-Test und Intrakutantest sind aus Sicht vieler Kinderärzte nicht für Kinder unter sechs Jahren geeignet. Eigentlich ist das auch logisch, denn ein Kind im Alter von zwei Jahren wird kaum verstehen, warum man es piekst oder es mit Nadeln sticht. Es bleibt ja nicht bei einem Pieks. Die meisten Kinder regen sich so auf, dass sie dann beim Test auf alles reagieren. Dann können Sie den Test vergessen.

Sinnvoller bei kleinen Kindern ist der RAST. Da wird nur einmal gepiekst, aber die Erregung des Kindes hat keinen Einfluss auf das Ergebnis. Außerdem kann der RAST viel genauer über die Stärke der Allergie Auskunft geben.

Natürlich gibt es noch mehr Testverfahren. Ich habe mich hier aber auf die beschränkt, die für Nahrungsmittelallergiker relevant sind.

Die **orale Provokation** setzt man zum Aufdecken von Nahrungsmittelallergien ein. Hierbei gibt

▶ Wird bei einem Labortest eine Allergie festgestellt, muss dies noch nicht heißen, dass der Körper allergische Reaktionen zeigt! Gewissheit bringt die orale Provokation.

▶ Ein Provokations-
test sollte immer von
erfahrenen Ärzten
durchgeführt werden,
um Komplikationen zu
vermeiden und bei
überschießenden
Reaktionen rasch
handeln zu können.

es verschiedene Möglichkeiten. Entweder Sie machen eine Eliminationsdiät, bei der Sie eine gewisse Zeit auf ein bestimmtes Nahrungsmittel verzichten und es dann später wieder in den Speiseplan einbauen, oder Sie bekommen das „verdächtige" Allergen zugeführt und man beobachtet die Reaktionen.

Bei schweren Allergien oder auch nur bei dem Verdacht darauf wird man auf diese Methode verzichten, da die Gefahr von Komplikationen zu groß ist.

Die orale Provokation wird oft auch als Bestätigung eines RAST genutzt. Sie sollte nur von erfahrenen Ärzten durchgeführt werden, da die Reaktionen nicht immer abzuschätzen sind.

Neben den schulmedizinischen Diagnosemöglichkeiten gibt es noch andere, zum Teil umstrittene **bioenergetische Testverfahren.** Dazu zählen die Elektroakupunktur, kinesiologische Tests und die Bioresonanzmethode. Die Untersuchungen sind relativ teuer, die Aussagekraft umstritten. Welches Testverfahren angewandt wird, sollte individuell mit dem behandelnden Arzt besprochen werden. Ob Sie zur genauen Diagnose ausschließlich auf die Schulmedizin bauen oder ob Sie auch Methoden der Naturheilkunde mit heranziehen, ist Ihre persönliche Entscheidung.

Laktose-Intoleranz-Tests

Bei Verdacht auf Laktose-Intoleranz sollten Sie einen Facharzt aufsuchen oder in eine Klinik mit Fachrichtung für Stoffwechelserkrankungen gehen.

In der Regel wird zunächst ein **Laktose-Belastungstest** durchgeführt. Dazu wird eine bestimmte Menge Laktose verabreicht und danach in kurzen Abständen der Blutglukose-Gehalt bestimmt. Ist ausreichend Laktase vorhanden, sorgt dieses Enzym für die Spaltung des Milchzuckers in die Bausteine Glukose und Fruchtzucker und der Blutglukose-Spiegel steigt an.

Es gibt auch einen recht zuverlässigen **Atemtest**. Dazu wird im nüchternen Zustand eine kleine Menge Atemluft aufgefangen und auf ihren Wasserstoffgehalt untersucht. Nachdem eine Laktoselösung gereicht wurde, wird über einen längeren Zeitraum regelmäßig die Wasserstoffkonzentration geprüft. Hohe Werte weisen daraufhin, dass der Milchzucker im Dünndarm nicht aufgespalten werden kann und unverändert in den Dickdarm gelangt. Dort wird er vergoren. Als Stoffwechselprodukte fallen verschiedene Gase, unter anderem vermehrt Wasserstoff, an. Wasserstoff kann zum Teil durch die Darmwand dringen und wird über die Lunge abgeatmet. Daher kann er über die Atemluft gemessen werden.

▶ Bei Verdacht auf Laktose-Intoleranz bringt ein Belastungstest oder ein Atemtest Klarheit. Dabei kann auch festgestellt werden, ab welcher Menge Beschwerden auftreten.

Ähnliche körperliche Symptome wie bei der Laktose-Intoleranz können auch bei Erkrankungen wie Zöliakie (Unverträglichkeit von Gluten, einem Getreide-Klebereiweiß) und Fruktoseintoleranz auftreten!

Bei einer Laktose-Intoleranz müssen Sie, je nach Stärke der Beschwerden, nicht nur auf Milchprodukte verzichten, sondern eben auch auf Milchzucker und den finden Sie sogar in Gummibärchen wieder.

Sie finden Milchzucker in zahlreichen Fertigprodukten, in Wurstwaren, Medikamenten und in Süßigkeiten (siehe dazu S. 38). Im Alltag ist es daher wichtig zu wissen, in welchen Lebensmitteln wie viel Laktose enthalten ist.

In besonderen Situationen ist es auch möglich Laktase-Präparate einzunehmen. Sie enthalten das fehlende Enzym und werden vor einer milchzuckerhaltigen Mahlzeit eingenommen. Die Präparate können in der Apotheke oder im Reformhaus bezogen werden. Bei richtiger Dosierung ist es dann durchaus möglich, auch einmal Käse zu essen oder ein Stück Sahnetorte zu genießen.

Im Reformhaus und einigen Lebensmittelgeschäften gibt es außerdem eine laktosefreie Milch, bei der der Milchzucker bereits aufgespalten wurde.

Juckreiz und Ausschlag nach einem guten Essen. Habe ich eine Allergie?

▶ Einige Lebensmittel wie Käse, Rotwein oder Salami enthalten viel Histamin. Werden sie zufällig zusammen in einer Mahlzeit verzehrt, kann es zu allergieähnlichen Symptomen kommen.

Wenn es nach einem guten Essen juckt und die ersten Pusteln auftreten, muss es nicht immer eine Allergie sein.

Gerade zu Festlichkeiten isst man Dinge, die man sonst in dieser Zusammenstellung nicht unbedingt täglich zu sich nimmt. Bei einem guten Glas Wein wird der Fisch serviert, zum Ende der Mahlzeit noch etwas Käse. Und dann? Dann sind da plötzlich Symptome wie Ausschlag, Juckreiz, Pusteln, manchmal sogar Atemnot und Schwellungen am ganzen Körper, Symptome, die nun in erster Linie auf eine Allergie schließen lassen würden. Doch meist stellt sich heraus, dass der Betroffene weder gegen Fisch noch gegen Wein und noch weniger gegen Käse allergisch ist. Es geht hier vielmehr um das Miteinander.

Die genannten Lebensmittel können hohe Mengen an Histamin enthalten. Histamin entsteht in verschiedenen Lebensmitteln durch den bakteriellen Abbau der Aminosäure Histidin. Daher ist der Stoff vor allem in leicht verderblichen Lebensmitteln wie Fisch zu finden. Auch bei der Reifung

Problematische Lebensmittel bei Histamin-Überempfindlichkeit:
Histamine gehören zur Gruppe der biogenen Amine. Andere Stoffe aus dieser Gruppe können ebenfalls zu Unverträglichkeitsreaktionen wie beispielsweise Migräneanfällen führen.

Biogene Amine kommen in sehr vielen Lebensmitteln vor, meist jedoch in geringen Konzentrationen. Beim Genuss folgender Lebensmittel kann es, insbesondere bei empfindlichen Personen, Probleme geben:

► Fisch und Fischkonserven (Makrele, Thunfisch, Hering, Sardinen)
► Langsam reifende Käsesorten (z. B. Emmentaler, Parmesan, Roquefort)
► Langsam reifende Wurstsorten (Salami, roher Schinken)
► Sauerkraut
► Alkoholische Getränke (Wein, Bier, Sekt)
► Spinat
► Tomaten
► Hülsenfrüchte
► Backhefe und Hefeextrakt
► Gewürze (Curry)
► Schokolade, Kakao
► Avocados
► Erdbeeren
► Trockenfrüchte, geschwefelt (Rosinen)

und Lagerung entsteht Histamin. Daher ist es in reifen Käsesorten, Rohwurst, Sauerkraut, Hefeextrakten oder Bier enthalten. Aber auch verschiedene Gemüsearten wie Spinat oder Tomaten können Histamin enthalten. Erdbeeren wiederum regen den Körper an, körpereigenes Histamin vermehrt auszuschütten.

Wenn man nun nur eines der histaminreichen Nahrungsmittel zu sich nimmt, wird dies in der Regel vom Körper gut toleriert. Bei Mahlzeiten, bei denen aber mehrere „Histamin-Bomben" zusammenkommen, kann der Körper nicht anders, als zu reagieren. Histamin erweitert dann die Blutgefäße und kann Kopfschmerzen, starken Juckreiz und pseudoallergische Reaktionen verursachen (siehe dazu S. 14).

Sollten Sie also Symptome erkennen, ist es sinnvoll, erst einmal zu prüfen, ob Sie eventuell mehrere histaminhaltige Lebensmittel zusammengegessen haben.

Besonders anfällig für derartige Reaktionen sind natürlich Allergiker, auch wenn sie nicht gegen die genannten Lebensmittel allergisch sind. Der Körper ist in solchen Fällen einfach sensibler, was die Histamintoleranz angeht.

Also: Achten Sie darauf, was Sie sich gönnen und wägen Sie ab.

Sollte es doch mal zu allergieähnlichen Reaktionen kommen, kann es wie bei einer Allergie notwendig sein, Antihistaminika einzusetzen. Bei schweren Symptomen wie Atemnot oder Schock sollten Sie sofort einen Notarzt informieren.

Wenn Schneewittchen in den Apfel beißt oder was Sie über Nahrungsmittelallergien wissen sollten

► Eine Nahrungsmittelallergie kann sich auch erst im Erwachsenenalter entwickeln.

Nahrungsmittelallergien sind Reaktionen des Körpers auf verschiedene Nahrungsmittel. Die Symptome gehen von Hautausschlag, Nesselsucht, Schnupfen bis hin zu Atemnot, Asthmaanfällen, aber auch Durchfällen und Magenkrämpfen. Aber auch übermäßige Müdigkeit oder Überaktivität können Symptome sein. In seltenen Fällen kann es zum allergischen Schock kommen.

Viele Menschen können sich nicht vorstellen, dass sie auch mit 50 Jahren noch eine Nahrungsmittelallergie bekommen können. Dies ist eine

Fehleinschätzung. Es ist durchaus möglich, dass man jederzeit an einer Nahrungsmittelallergie, generell an Allergien, erkranken kann. Die Erfahrung hat gezeigt, dass es sich hierbei meist nicht um exotische Lebensmittel wie Zitrusfrüchte oder Gewürze handelt, sondern um Nahrungsmittel, die wir schon unser ganzes Leben lang konsumieren.
Die häufigsten Nahrungsmittelallergene sind:

▶ Milcheiweiß
▶ Hühnereiweiß
▶ Weizen
▶ Soja
▶ Nüsse

Vor allem im Kleinkindalter finden sich Allergien gegen Milch und Ei sehr häufig. Kuhmilchallergie ist die häufigste Allergie im Säuglingsalter. Ein Grund, weshalb Kinderärzte und Allergologen empfehlen, dass Babys, die auf Grund einer erblichen Belastung ein größeres Risiko haben, eine Allergie zu entwickeln, eine hypoallergene Nahrung (Zusatz „H.A." im Produktnamen) erhalten sollten.

▶ Allergien gegen Milch und Ei sind im Kleinkindalter relativ häufig.

Wie stellt man eine Nahrungsmittelallergie fest?

Wenn Sie Symptome haben, deren Ursachen Ihnen unklar sind, sollten Sie systematisch vorgehen. Das Finden von Allergien ist fast wie ein Detektivspiel.

1. Führen Sie einen Symptomkalender
Vorbereitete Kalender bekommen Sie beim Arzt oder in Ihrer Apotheke. Im Symptomkalender schreiben Sie über mindestens 14 Tage auf
    a) was Sie gegessen haben
    b) welche Gewürze verwendet wurden

▶ Ein Symptom-
kalender hilft, den
möglichen Allergie-
auslöser festzustellen.
Klarheit bringt dann
der Allergietest und
eine orale Provokation.

c) was Sie getrunken haben
d) was Sie an dem Tag gemacht haben
e) welche Medikamente Sie genommen haben
f) wie es Ihnen geht – welche Symptome? –
   wo? – wie stark?
Diesen Symptomkalender nehmen Sie beim nächsten Arzttermin mit.

2. Gehen Sie zum Facharzt (Hautarzt/Lungenfach-
arzt/Allergologen) und lassen Sie einen Allergietest
machen.

3. Lassen Sie eventuell auch einen Provokationstest
machen.

Wenn Sie dann wissen, wogegen Sie allergisch sind,
sollten Sie das Allergen absolut meiden. Jeder neue
Kontakt mit dem Allergen kann die allergische Reaktion verstärken. Dies bedeutet in der Praxis, wenn
Sie gegen Milcheiweiß allergisch sind, sollten Sie
auch auf Joghurt, Quark, Sahne, Butter und alle Sachen verzichten, die Milcheiweiß enthalten. Bitte
lesen Sie die Zutatenlisten von Fertigprodukten genau durch und fragen Sie im Zweifelsfall beim
Hersteller nach.

Kann man vorbeugen?

In den letzten Jahren wurde immer mehr in Richtung Allergievorbeugung geforscht.
   So hat man festgestellt, dass das Risiko, dass ein
Baby an einer allergischen Krankheit erkrankt, ge-
senkt werden kann, wenn die stillende Mutter auf
bestimmte Nahrungsmittel verzichtet. Studien
konnten belegen, dass das Eiweiß von Milch, Ei,
Fisch, Soja und Nüssen ungefiltert über die Mutter-

milch zum Kind gelangt und eine Sensibilisierung des Kindes bewirken kann.

Eine spezielle Diät während der Schwangerschaft bringt nach den vorliegenden Studien jedoch nichts. Sinnvoll ist es jedoch, sich ausgewogen zu ernähren, nicht zu rauchen und auf Alkohol zu verzichten – auch dies ist ein wirksamer Allergieschutz.

Meiden Sie einseitige Ernährung, da Sie gerade in der Stillzeit einen höheren Bedarf an diversen Stoffen haben.

Adressen für ausführliche Informationen über Allergievorbeugung finden Sie ab der Seite 150.

▶ **Ausgewogene Ernährung und der Verzicht auf Nikotin und Alkohol in der Schwangerschaft kann helfen, das Allergierisiko herabzusetzen.**

Leben mit der Allergie

Milcheiweißallergie? Vorsicht bei strenger Diät!

Auf bloßen Verdacht hin völlig auf Milch und Milchprodukte zu verzichten, ist nicht empfehlenswert. Der erste Schritt sollte immer sein, erst einmal abzuklären, ob eine Allergie, Pseudoallergie oder Intoleranz vorliegt.

Wenn Sie unter einer Milcheiweißallergie leiden, dann sollten Sie einiges beachten.

▶ Bei einer Allergie gegen das Milcheiweiß Kasein wird auch keine Ziegen-, Schafs- oder Stutenmilch vertragen.

Wichtig ist, dass Sie wissen, gegen welchen Baustein der Milch Sie allergisch sind. Es gibt Antigene der Kuhmilch, die gegen Hitze oder gegen Säuerung empfindlich sind. So ist es möglich, dass manche Allergiker erhitzte Milchprodukte oder Käse gut vertragen können.

Ein häufiges Allergen ist das Kasein in der Milch. Wenn Sie eine Allergie gegen Kasein haben, werden Sie auch Probleme mit Ziegenmilch, Stutenmilch und jeder anderen tierischen Milch bekommen, da Kasein ein Baustein jeder tierischen Milch ist.

Welcher Baustein der Milch Ihnen Probleme macht, kann in einem Labortest festgestellt werden. Hierzu muss Blut aus der Vene entnommen wer-

Sie sollten auf keinen Fall voreilig absolut auf Milch und Milchprodukte verzichten, ohne einen aussagefähigen Allergietest gemacht zu haben. Erst wenn der Test Ihnen eine Allergie bestätigt und der Arzt es für notwendig hält, dass Sie auf diese Allergene verzichten müssen, sollten Sie so konsequent sein.

den, das dann auf die spezifischen Antikörper untersucht wird (siehe dazu S. 18).

Wenn Sie völlig auf Milcheiweiß verzichten müssen, wird es anfangs schwer sein, etwas Wohlschmeckendes zu kochen oder gar zu backen. Meist fängt das Problem schon beim Einkauf an, weil zahlreiche Produkte Milcheiweiß enthalten. So enthält beispielsweise nicht nur Margarine (rein pflanzlich) oft Süßmolkenpulver, sondern auch Orangensaft kann neuerdings mit Milcheiweiß angereichert worden sein.

▶ Milcheiweiß kann in zahlreichen Lebensmitteln verborgen sein.

Empfehlungen für die Ernährung ohne Milchprodukte

▶ Die Zusammensetzung der Nahrung orientiert sich nach den Empfehlungen für gleichaltrige Gesunde. Einzige Ausnahme: Milch und Milchprodukte dürfen nicht enthalten sein. Bei Kuhmilchallergie gilt das auch für kleinste Mengen. Falls eine Allergie gegen den Milchbestandteil Kasein besteht, darf auch keine Ziegen-, Schafs- oder Stutenmilch verwendet werden.

Bei Laktose-Intoleranz ist die Menge, die toleriert werden kann, individuell sehr unterschiedlich.

▶ Bei einer Laktose-Intoleranz muss individuell festgestellt werden, welche Mengen an Milchzucker vertragen werden.

Ersatzmilch könnte Milch sein aus: Soja, Reis, Dinkel, Getreide, Kokos, Sesam oder sogar Linsen. Wie man diese Milchsorten herstellt, erfahren Sie ab der Seite 58.

Sojamilch und Reismilch können Sie im Reformhaus oder im Naturkostladen kaufen. Sojamilch wird sogar in zahlreichen Supermärkten angeboten.

▶ Da Milchprodukte als Eiweißlieferanten ausfallen, empfiehlt es sich, Fleisch, Fisch und Ei (falls erlaubt) als tierische Eiweißquellen regelmäßig in den Speiseplan einzubauen. Bei Verzicht auf Fisch und Fleisch kann eine gute Kombination pflanzlicher Eiweißquellen dafür sorgen, dass der Körper mit hochwertigem Eiweiß versorgt wird. Gute Partner sind beispielsweise Getreide und Hülsenfrüchte. Auch Sojaprodukte, sofern sie vertragen werden, sind eine gute Alternative und können auf vielfältigste Weise verwendet werden. Insgesamt ist ein Eiweißmangel aber kaum zu erwarten.

▶ Bei einer Ernährung ohne Milch und Milchprodukte muss auf eine ausreichende Zufuhr von Calcium aus anderen Quellen geachtet werden.

▶ Milch und Milchprodukte sind die wichtigsten Calciumlieferanten in unserer Ernährung. Wenn sie ausfallen, müssen andere calciumhaltige Lebensmittel besonders berücksichtigt werden. Einige pflanzliche Lebensmittel enthalten relativ viel Calcium (siehe dazu die Tabelle S. 31). Darüber hinaus sind calciumreiche Mineralwässer (mindestens 200 mg Calcium pro Liter) empfehlenswert. Auch Sojamilchprodukte (falls Soja vertragen wird), die mit Calcium angereichert sind, können eine Alternative sein.

Bei Laktose-Intoleranz werden möglicherweise Sauermilchprodukte und gut gereifter Käse vertragen.

Darüber hinaus kann vom Arzt ein Calcium-Präparat verordnet werden, um die Versorgung sicherzustellen. Bei Laktose-Intoleranz sollte darauf geachtet werden, dass diese frei von Milchzucker sind.

Vorsicht vor Produkten mit den Hinweis „Plus Calcium". Es gibt zum Beispiel einen Orangensaft mit dieser Angabe. Das Plus ist aber Milcheiweiß.

▶ Wenn Sie sich vegetarisch ernähren und zudem keine Milch und keine Eier essen dürfen, kann die Versorgung mit Vitamin B_{12} ein Problem werden. Dieses Vitamin kommt fast ausschließlich in tierischen Produkten vor. Pflanzliche Lebensmittel können Vitamin B_{12} nicht in ausreichenden Mengen liefern. Noch vor einiger Zeit hatte man angenommen, dass Spuren von Vitamin B_{12} in fermentierten Sojaprodukten wie Miso und Tempeh und in milchsauer vergorenen Lebensmitteln wie Sauerkraut enthalten sind. Auch Algen wurden Vitamin-B_{12}-Lieferanten genannt. Dies hat sich leider als falsch herausgestellt.

Vitamin B_{12} ist wichtig für die Blutbildung und die Gesunderhaltung des Nervensystems. Bei einem Mangel kann es zu Symptomen wie Müdigkeit, Kribbeln an Händen und Füßen, Nervenschäden oder Anämie kommen.

▶ **Bei vegetarischer Ernährung ohne Milch und Ei kann die Versorgung mit Vitamin B_{12} problematisch sein. Eine regelmäßige Kontrolle durch den Arzt ist anzuraten.**

Calciumquellen
▷ Gemüse
  (Broccoli, Grünkohl, Mangold, Spinat)
▷ Nüsse und Samen
  (vor allem Sesam, auch Haselnüsse, Mandeln, Leinsamen, Amaranth)
▷ Kräuter
  (Basilikum, Brunnenkresse, Estragon)
▷ Mineralwasser
  (mit mindestens 200 mg Calcium pro Liter)
  Achten Sie auf das Etikett!
Calcium wird besser im Körper verwertet, wenn ausreichend Vitamin D vorhanden ist. Kaffee und Oxalsäure (z. B. in Rhabarber) hemmt die Verwertung.

In der Leber kann Vitamin B_{12} gespeichert werden. Bei Erwachsenen reicht der Speicher drei bis zehn Jahre aus, bevor Mangelerscheinungen auftreten. Bei Kindern ist der Speicher sehr viel schneller erschöpft, daher ist eine Vitamin-B_{12}-Unterversorgung für sie sehr viel gefährlicher.

Wer sich vegan ernährt, also nicht nur auf Milch und Eier, sondern auch völlig auf Fleisch und Fisch verzichtet, sollte vom Arzt regelmäßig den Vitamin-B_{12}-Spiegel überprüfen lassen. Lassen Sie sich gegebenenfalls auch über die Einnahme von Vitamin-B_{12}-Präparaten beraten.

Das Baby und Kleinkind mit einer Milch- oder Ei-Allergie

▶ Vor dem sechsten Lebensmonat sollte Babys möglichst nichts zugefüttert werden.

Wenn Sie erfahren, dass Ihr Baby eine Milch- oder Eiallergie hat, ist das heute keineswegs so schwierig wie noch vor zehn Jahren.

Sie haben die Möglichkeit, Ihr Kind zu stillen, sollten dabei als Mutter aber auf Milch und Ei verzichten, da diese Proteine an das Kind weitergegeben werden und zu allergischen Reaktionen führen können. Die früher oft als „Dreimonats-Koliken" bezeichneten Bauchschmerzen von Säuglingen können ein Hinweis auf eine eventuelle Milchallergie sein. So macht es Sinn, wenn Sie einfach mal einige Tage auf Milch in jeder Form verzichten. Wird Ihr Kind dann ruhiger, hat keine Bauchschmerzen mehr, könnte dies schon ein Zeichen für eine Milchallergie sein.

Aber bitte machen Sie keine unnötigen Diäten ohne ärztliche Aufsicht. Sprechen Sie mit Ihrem Arzt und nehmen Sie möglichst eine Ernährungsberatung in Anspruch.

Füttern Sie möglichst vor dem sechsten Monat nicht zu. Falls eine **Milchersatznahrung** verwendet werden soll, dürfen keine herkömmlichen Säuglingsmilchnahrungen verwendet werden. Sie basieren auf Kuhmilch und sind deshalb nicht geeignet. Bei einer nachgewiesenen Milchallergie sind auch **Hypoallergene Nahrungen** (Zusatz „H.A." im Produktnamen) völlig ungeeignet. Denn bei diesen Säuglingsnahrungen wird das Kuhmilcheiweiß lediglich gespalten. Die vorhandenen Eiweißbruchstücke können aber ebenfalls eine Allergie auslösen.

Säuglinge mit nachgewiesener Kuhmilchallergie benötigen hochgradig hydrolysierte Produkte **(Proteinhydrolysate),** die es von verschiedenen Herstellern gibt. Auch **Milchersatznahrung auf Sojabasis** kann verwendet werden. Dazu müssen aber spezielle, für die Säuglingsernährung hergestellte, Produkte verwendet werden. Normale Sojamilchdrinks sind dagegen nicht geeignet.

Bei Milchersatznahrung auf Sojabasis besteht das Risiko, dass sich auch eine Allergie gegen Soja entwickelt. Hydrolysate wiederum haben einen bitteren Beigeschmack. Im Zweifelsfall sollten Sie mit dem behandelten Kinderarzt über die richtige Auswahl der Milchersatznahrung sprechen.

Beikost sollte frühestens mit sechs Monaten gegeben werden. Dabei sollten neue Nahrungsmittel immer einzeln und langsam eingeführt werden (möglichst von Woche zu Woche). Die Vielfalt der Lebensmittelwelt lernen Kinder noch früh genug können, im Babyalter schadet Abwechslung mehr als sie nützt.

Mit zunehmendem Lebensalter des Kindes wird es immer wichtiger, darauf zu achten, dass Ihr Kind wirklich nichts isst, was es nicht essen darf. Dies kann im Alltag zur Geduldsprobe werden, wenn das Kleinkind meint, es möchte mal das essen, was Mama gerade isst.

► Bei nachgewiesener Allergie gegen Milcheiweiß sind hypoallergene Milchersatznahrungen ungeeignet. Statt dessen muss auf Proteinhydrolysate ausgewichen werden.

► Nicht zu früh mit Beikost starten! Pro Woche nur ein neues Lebensmittel ausprobieren.

▶ So früh wie
möglich sollte das
Kind wissen, dass es
bestimmte Lebens-
mittel nicht essen
darf.

Bitte vermeiden Sie folgenden Fehler: Essen Sie in der Gegenwart Ihres Kindes nicht nur noch milch- und eifrei, nur um dem Kind die Versuchung zu ersparen. Das wird die ganze Sache später viel komplizierter machen, wenn das Kind mal bei anderen Leuten oder im Kindergarten oder in der Schule ist. Es muss sich daran gewöhnen, dass es eben nicht all das essen kann, was Sie vielleicht essen können.

Natürlich tut Ihnen die kleine Maus Leid, wenn Sie gerade leckere Schokolade essen und das Kind auch mal möchte, aber lassen Sie es nicht so weit kommen, dass Sie nachts vor dem Kühlschrank stehen und heimlich Milch- und Eiprodukte in sich hineinstopfen!

Ab einem Alter von ca. 1,5 – 2 Jahren können Sie dem Kind sachlich erläutern, dass es dieses oder jenes nicht essen darf. Dabei ist es nicht sinnvoll, etwas von einer Allergie oder einem anaphylaktischen Schock zu erzählen. Kinder haben dazu keinen Bezug. Sie könnten ja erzählen, dass das Kind von diesen Sachen „Bauchweh" bekommt. Bauchweh kennen alle Kinder – das ist unangenehm.

Manchmal kann es auch sinnvoll sein, das Kind mit anderen allergiekranken Kindern zusammenzubringen. Dabei lernt das Kind, dass es nicht alleine mit seinen Einschränkungen ist. Vielleicht kennen Sie ja ein Kind mit Allergien oder besuchen einmal eine Selbsthilfegruppe.

Sie werden im Rezeptteil eine Menge Anregungen für die Ernährung Ihres Kindes finden, von den geliebten Waffeln bis zum Nudelgericht.

Ach noch was: Es kommt bei allen Kindern vor, dass sie eine ganze Zeit lang meinen, sich nur noch von Nudeln (möglichst pur) ernähren zu müssen. Andere fahren wochenlang nur auf Pommes ab und wieder andere essen 14 Tage am Stück nur Honig-

---

Keine Ausnahmen!
Bleiben Sie konsequent. Entweder muss Ihr Kind auf Milch und Ei verzichten oder nicht. Nicht heute so und morgen so. Wenn das Kind nicht weiß, wie die Regeln sind, wird es unsicher und wird Probleme mit der Allergie im Alltag bekommen. Es gibt keine Ausnahmen, auch wenn die Oma noch so lieb schaut und den Schokokuss anbietet (der besteht fast nur aus Ei!).

---

brötchen. Keine Sorge, das geht vorbei. Die Natur sieht es nicht vor, dass ein Kind sich selbst in die Mangelernährung stürzt. Bleiben Sie konsequent, aber gelassen, umso schneller geht es vorüber. Bieten Sie zum Ausgleich immer mal wieder einen Obst- oder Rohkostteller an. Je bunter und lustiger es aussieht, umso besser.

▶ Konsequenz und ein bisschen Gelassenheit sind gefragt, wenn Kinder gerade ihre „Pommesphase" haben.

Erwachsene mit Milch- oder Ei-Allergie

Stellen Sie sich vor, Sie sind 38 Jahre alt und trinken jeden Tag einen Liter frische Milch. Eines Tages fallen Sie nach einem halben Liter einfach um und haben einen allergischen Schock. Ja, so etwas gibt es. Man kann jederzeit im Leben an einer Allergie erkranken.

Nun muss das nicht immer so dramatisch ablaufen, aber dieses Beispiel zeigt deutlich, dass eigentlich niemand vor Allergien sicher ist.

Wenn Erwachsene plötzlich gegen Nahrungsmittel allergisch werden, ist das für sie viel schlimmer als bei einem Baby, das Milch oder Ei ja nie kennen gelernt hat. Erwachsene aber kennen die ganzen Genüsse und wissen, was ein Verzicht nun bedeuten wird. Sie gehen daher mit ihrer Diät immer etwas nachlässiger um.

Die Allergie anzunehmen ist nicht so einfach: raus aus den alten Gewohnheiten, neue Rezepte lernen, vieles Alte verwerfen. Lieblingsgerichte umbauen, neue Sachen kennen lernen.

Viele Erwachsene, besonders Männer, haben Probleme, zu ihrer Allergie zu stehen. Sie verbinden dies mit Schwäche.

▶ Eine Selbsthilfe-gruppe hilft dabei, mit der Allergie leben zu lernen. Vielleicht gibt es eine Gruppe ganz in Ihrer Nähe?

Sehr hilfreich kann es ein, eine Selbsthilfe-gruppe aufzusuchen. Vielleicht kennt Ihr Arzt oder Ihre Apotheke eine Gruppe in Ihrer Nähe. Sie können auch bei den Krankenkassen nachfragen oder sich bei Bundesverbänden informieren (siehe dazu S. 150).

Wenn Sie engagiert sind, dann können Sie auch selbst eine Selbsthilfegruppe gründen. Einfach Zettel bei Ärzten aushängen und einen ersten Termin für ein Treffen festlegen. Treffpunkte sind am besten Räume der Stadt, der Gemeinde oder der Kirche, nicht bei Ihnen zu Hause und nicht unbedingt in einem Restaurant, in dem dann keiner der Anwesenden etwas essen kann!

Den Alltag meistern

Wissen Sie, was Sie essen dürfen?

Gut, Sie wissen, dass Sie unter einer Milch und Ei-Allergie leiden. Aber damit ist ja noch nicht gesagt, was Sie essen dürfen.

Am einfachsten ist die Sache, wenn Sie alle Speisen selbst herstellen und keine Fertigprodukte verwenden, aber mal ehrlich, wer hat schon immer die Zeit dazu?

Und dann ist ja auch noch der Punkt, dass man nicht immer zu Hause isst. Man ist ja oft unterwegs, wenn der große Hunger kommt.

Im Alltag stellt der Allergiker sehr schnell fest, dass Lesen zu einer seiner Hauptbeschäftigungen werden sollte. Da kann, gerade am Anfang einer Allergikerkarriere, ein Einkauf mehrere Stunden dauern. Bis man alle Zutatenlisten gelesen hat und bis man weiß, was hinter den verschiedenen Bezeichnungen steckt.

Ich kann nur empfehlen, sich erst mal gut zu informieren, gegen welchen Milchbestandteil genau man allergisch ist. Um das Allergen zu meiden, sollte man daher wissen, in welchen Lebensmitteln es enthalten sein kann und hinter welchen Bezeichnungen es sich versteckt.

Bei einer Allergie gegen Milcheiweiß sind neben den klassischen Milchprodukten auch Süßmolkenpulver, Molke, Milcheiweiß als Zusatzstoff, Kasein, Käse, Sauerrahm, Buttermilch, Sahne und Butter problematisch. Milchzucker (Laktose) ist hingegen kein Problem. Milchsäurekulturen, zu finden in Gummisüßwaren oder auch im Sojajoghurt,

► Nur wer weiß, in welchen Lebensmitteln Milch- oder Eibestandteile verborgen sind, kann das Allergen konsequent meiden. Je besser Sie informiert sind, umso leichter geht es.

▶ Lecithin aus Soja oder Ei macht Allergikern meist keine Probleme.

haben mit dem Milcheiweiß ebenfalls nichts zu tun.

Beim Thema Eier sollte man wissen, dass Ei meist auch als Hühnereiweiß deklariert ist. Leider wird Ei oft auch bei der Verarbeitung von Nahrungsmitteln genutzt und nicht deklariert. So kann es vorkommen, dass Sie einen Rotwein nicht vertragen, weil die Winzer den Wein durch Hühnereiweiß klären, der Wein wäre sonst trübe. Rückstände sind da nicht zu vermeiden.

Ein Thema, das immer wieder zu Irritationen führt, ist das Lecithin. Es kann aus Soja, aber auch aus Hühnerei hergestellt werden. Lecithin ist aber so stark verarbeitet und denaturiert, dass der Körper es nicht mehr als Soja oder Ei erkennen kann. Selbst starke Allergiker haben in der Regel mit Lecithin keine Probleme.

Tipps für den Einkauf

▶ Achten Sie bei verpackten Lebensmitteln aufs Etikett. Dort muss angegeben sein, welche Zutaten verwendet wurden.

▶ Bitte beachten sie bei verpackten Lebensmitteln die **Zutatenliste.** Sie gibt an, welche Zutaten in dem Lebensmittel verwendet werden, mengenmäßig in absteigender Reihenfolge. Begriffe wie Trinkmilch, Magermilchpulver, Vollmilchpulver, Molke, Milchbestandteile und Ähnliches sollten bei einer Milchallergie nicht vertreten sein.

Vorsicht bei Sammelbegriffen in der Zutatenliste (beispielsweise Kartoffelpüree, Schokolade, Gewürzmischungen). Geringe Spuren von Milch oder Ei, die unter der Deklarationspflicht liegen, erscheinen nicht auf der Zutatenliste. Diese geringen Mengen können aber für Allergiker ausschlaggebend sein.

► Leider müssen Bestandteile von **Zusatzstoffen**, die weniger als 25 % ausmachen, nicht angegeben werden. Da Milchzucker beispielsweise als Träger von Aromen oder Geschmacksverstärker verwendet wird, bleibt ein Unsicherheitsfaktor bestehen. Wenn Sie sicher einkaufen wollen, bleibt Ihnen nur das Reformhaus oder der Naturkostladen. Dort wird in der Regel versucht, alle Zutaten, auch kleine Mengen, auf der Zutatenliste anzugeben.

► Milchzucker wird als Träger von Aromen oder Geschmacksverstärkern verwendet. Daher muss er nicht immer deklariert werden.

► **Milchzucker** macht Milchallergikern meist keine Probleme. Bei Laktose-Intoleranz ist bei Fertigprodukten, beispielsweise bei Fertigsaucen, Kartoffelpulver, Backmischungen, Saucenbindern oder Mayonnaise, erhöhte Wachsamkeit gefragt, denn sie enthalten häufig Milchzucker.

Bei Lebensmitteln, deren Zusammensetzung nicht zweifelsfrei zu erkennen ist, lohnt es sich, beim Hersteller anzurufen, besser noch ist, man fragt schriftlich an.

► Besonders bei Fertigprodukten gilt es wachsam zu sein!

► Bei **Brot und Backwaren** empfiehlt sich die Rücksprache mit dem Bäcker. Viele Sorten werden vor dem Backen mit Milch oder Ei bepinselt (beispielsweise Rosinenbrötchen). Oft wird der „Natursauerteig" mit Dickmilch zubereitet – Vorsicht bei Milchallergie!

Kleingebäck, Kuchen oder Waffeln können Laktose enthalten. Bei verpackten Lebensmitteln auf die Zutatenliste achten, im Zweifelsfall beim Hersteller nachfragen.

► Vorsicht bei Brot und Backwaren: sie werden vor dem Backen oft mit Milch oder Ei bepinselt.

► Als **Brotaufstrich** kommt statt Butter nur milchfreie Margarine in Frage. Auch wenn „rein pflanzlich" auf der Packung steht, kann als Zutat Süßmolkenpulver enthalten sein.

▶ Auch in Wurst
kann Milcheiweiß
oder Milchzucker
verarbeitet worden
sein.

▶ **Wurstwaren** enthalten gelegentlich Milcheiweiß (Beispiel: Kalbsleberwurst enthält Sahne). Milchzucker wird als Bindemittel von Wurstwaren eingesetzt oder kann in Fertiggewürzmischungen, die häufig verwendet werden, enthalten sein. Bitte achten Sie auf die Deklaration und fragen Sie bei Laktose-Intoleranz Ihren Metzger, ob er auch Wurst ohne Fertiggewürz herstellt.

▶ Zartbitterschoko-
lade enthält kein
Milcheiweiß.

▶ **Schokolade** hat häufig kein Zutatenverzeichnis. Bitterschokolade, Zartbitterschokolade und Halbbitterschokolade dürfen gemäß Kakaoverordnung keine Milcheiweißbestandteile enthalten. Milchschokolade enthält Milchpulver, kommt also nicht in Frage. Es gibt auch einige Kuvertüren mit der Geschmacksrichtung Zartbitter, die frei von Milch sind. Trotzdem: Selbst bei Bitter- oder Zartbitterschokolade können die Hersteller die Reinheit der Schokolade nicht garantieren, da es produktionsbedingt immer dazu kommen kann, dass Spuren oder Reste einer vorher auf der Anlage hergestellten Schokolade in das Folgeprodukt gelangen. Wenn Sie stark allergisch sind – Vorsicht!

Oft finden sich in Schokolade auch Spuren von Nüssen, auf die aber inzwischen durch Warnhinweise auf der Verpackung hingewiesen wird.

▶ Milchzucker steckt
auch in manchen
Gummibärchen und
Bonbons.

▶ **Süßwaren** wie Gummibärchen oder Bonbons können Laktose als Zusatzstoff enthalten, ohne deklariert zu sein. Bei Laktose-Intoleranz gilt: im Zweifelsfall lieber nicht!

▶ Auch **Medikamente** können Milchzucker enthalten. Homöopathische Tabletten werden beispielsweise aus Milchzucker hergestellt, auch Nahrungsergänzungsmittel wie Calciumpräparate können

Laktose enthalten. Die geringen Mengen in den homöopathischen Mitteln machen in der Regel wenig Probleme, individuell sollte jedoch die Verträglichkeit geprüft werden. Bei regelmäßiger Einnahme von Calciumpräparaten sollte auf laktosefreie Alternativen ausgewichen werden. Fragen Sie am besten in der Apotheke nach.

▶ Bei Calciumpräparaten sollten sie nach lactosefreien Alternativen fragen, wenn Milchzucker nicht vertragen wird.

Was leider immer wieder eine Falle ist, ist der Besuch beim Metzger und beim Bäcker.

Wie oft habe ich gefragt, ob denn in dieser Wurst oder in diesem Brötchen Milch oder Ei enthalten sind. Und wie oft konnte mir keiner etwas dazu sagen.

Heute weiß ich,
▶ dass es auch Wasserwecken gibt, die mit Milch gemacht werden
▶ dass Laugenbrötchen bei dem einen Bäcker mit und beim anderen ohne Ei sind
▶ dass Kalbsleberwurst oft mit Sahne gemacht wird
▶ dass sich hinter Natursauerteig oft auch Zutaten wie Butter- oder Dickmilch verstecken
▶ dass Brote oft mit Ei bepinselt werden, damit sie schön glänzen
▶ dass Lebkuchen aus Resten von alten Lebkuchen hergestellt werden (was so auch normal ist), aber diese alten Lebkuchen eben auch mit Vollmilchschokolade bezogen gewesen sein können

Bei abgepackter Ware habe ich für uns einen sicheren Weg gefunden. Ich schreibe mir von allen Produkten, die eventuell in Frage kommen, die Anschrift des Herstellers auf. Dann bitte ich die Firma,

▶ Oft ist es sinnvoll, direkt beim Hersteller nachzufragen, welche Produkte garantiert frei von Milch- oder Eibestandteilen sind.

im Hinblick auf lebensbedrohliche Allergien, mir mitzuteilen, welche ihrer Produkte absolut frei von Milch und Ei in jeder Form sind.

Es ist wirklich unglaublich, wie viel man dann wirklich essen kann. Ich habe in den letzten Jahren dadurch eine große Anzahl von Produkten gefunden, die mein Sohn essen durfte, von denen ich es aber nicht erwartet hätte. Manche Firmen schicken dann jedes Jahr eine neue Liste.

Hersteller von konventionellen Schokoladenprodukten und Lebkuchen geben allerdings keine Garantie für das Nichtvorhandensein von Restbeständen, da dies produktionsbedingt nicht auszuschließen ist.

Hersteller von Reformhaus- oder Naturkostprodukten sind dem Ziel, alle Zutaten komplett zu deklarieren, zwar schon ein wesentliches Stück näher. Garantien können aber auch hier nicht generell gegeben werden.

► Vorbild Österreich: Die Bäckerinnung bietet Fortbildungen zum Thema „Allergien" an.

Was ich wirklich nachahmenswert finde, ist die Tatsache, dass in Österreich die Bäcker Fortbildungen zum Thema „Allergien" machen können. Dies fiel mir auf, als ich in einer österreichischen Bäckerei nach Brötchen ohne Milch fragte. Sofort bekam ich alle Produkte genannt, die in Frage kommen und mir wurde erzählt, dass es diese Fortbildungsmöglichkeiten gibt. Dies würde ich mir für Deutschland auch wünschen.

Nahrungsmittelallergie im Griff

Bei einer Nahrungsmittelallergie ist es hilfreich, sich an folgender „Check-Liste" zu orientieren:
1. Ermitteln Sie Ihr Allergen.
2. Halten Sie die Allergenkarenz ein (das heißt, verzichten Sie ganz konsequent auf das Allergen).

3. Achten Sie auf Kreuzallergien (Bei einer bestehenden Allergie ist es möglich, dass sich irgendwann auch eine Allergie gegen einen Stoff, der in der Struktur ähnlich ist, entwickelt).
4. Führen Sie ein Allergietagebuch.
5. Informieren Sie sich über Ihre Allergie.
6. Prüfen Sie die Zutatenlisten von Fertigprodukten genau.
7. Teilen Sie Freunden und Verwandten (soziales Umfeld – Schule, Kindergarten, Arbeitskollegen) mit, worauf Sie verzichten müssen.
8. Ändern Sie ihre „alten" Rezepte ab. Ersetzen Sie die Zutaten durch solche, die Sie vertragen.
9. Führen Sie Ihre Notfallmedikamente immer bei sich.
10. Nehmen Sie Ihre Medikamente schon bei den ersten Anzeichen allergischer Symptome ein.
11. Lassen Sie sich einen Allergiepass ausstellen.

▶ Die Check-Liste hilft Ihnen, mit der Nahrungsmittelallergie besser zurecht zu kommen.

Medikamente für den Notfall

Die Ursachen der Nahrungsmittelallergie zu bekämpfen, ist schwierig. Deshalb ist es notwendig, eine absolute Karenz einzuhalten. Bei starken Symptomen kann es notwendig sein, Medikamente zu nehmen.

Antihistaminika sind Medikamente, die eine allergische Reaktion stoppen. Sie lindern auch einen eventuell auftretenden Juckreiz oder sorgen dafür, dass eine Nesselsucht wieder abklingt.

Kortison gibt man in Form von Tropfen, Zäpfchen oder Tabletten, wenn die allergischen Reaktionen zu stark werden.

Asthmasprays helfen bei akuter Atemnot. Sie sollen die Bronchien, die sich bei einem Asthmaanfall verkrampfen, wieder entspannen und erweitern.

Adrenalin ist dann notwendig, wenn die betroffene Person einen allergischen Schock (anaphylaktischer Schock) erleidet. Hier muss schnell gehandelt werden. Die meisten starken Allergiker führen immer eine Notfallspritze mit sich.

Allergiker sollten generell immer einen Notfallpass bei sich haben. Denken Sie auch daran, Ihre Medikamente immer mitzunehmen. Es geht 99 mal gut und beim 100. Mal haben Sie plötzlich Probleme und die Medikamente liegen im Wohnzimmerschrank!

Eine Einladung

► Bei Einladungen kann nicht immer auf Allergien Rücksicht genommen werden. Besser ist es, selbst eine praktikable Lösung zu finden.

Sie sind eingeladen, leiden unter Nahrungsmittelallergien und überlegen sich, wie Sie diesen Abend wohl überstehen, ohne Ausschlag, Nesselsucht, Atemnot oder gar einen allergischen Schock zu bekommen?

Wenig Sinn macht es, den Gastgeber oder Veranstalter zu bitten, auf die Allergie Rücksicht zu nehmen. Das kostet Sie und ihn Nerven und keiner ist sich später sicher, ob auch alles richtig ist. Leider ist es auch oft so, dass man als hysterisch hingestellt wird. So fallen Sprüche wie „na ja, wir wissen ja gar nicht mehr, ob wir dich einladen können, du darfst ja so einiges nicht essen." Oft versteckt sich hinter einer solchen taktvollen Bemerkung der Gedanke „wir haben keinen Bock auf die Sonderwünsche unseres hysterischen Allergikers". Das hört sich hart an und es ist auch hart, aber leider oft Alltag. Also was tun? Zu Hause bleiben?

► Eventuell können Sie sich etwas zu essen zu Hause zubereiten und im Restaurant, bei der Feier usw. in der Mikrowelle warm machen lassen. Versuchen Sie es – es ist leichter, als Sie denken.

Wenn man so gar nicht weiß, was da kommt, muss ich gestehen, nehme ich auch schon mal vorbeugend ein Antihistaminikum ein. Das soll aber auf keinen Fall eine Einladung zum Medikamentenkonsum sein!!! Nur, bevor Sie verhungern müssen?

► Bei einem Buffet kann man sich ja meist noch die Sachen aussuchen, die möglichst unverdächtig aussehen bzw. bei denen die Bestandteile klar zu identifizieren sind.

► Bei Bestellungen im Restaurant können Sie nur hoffen, dass das Service- und Küchenpersonal Ihre Wünsche richtig versteht und ihr Anliegen ernst nehmen (bitte keine Sauce, keine Butter usw.). Viele Köche meinen es ja nur gut und geben dann doch, trotz gegenteiliger Anweisung, ein wenig – nur ein gaaaanz klein wenig Butter über die Kartoffel. Das braucht so mancher Koch für sein Glück – Sie nicht!

Im Kindergarten

Es ist nicht immer so einfach, für ein allergiekrankes Kind einen Kindergartenplatz zu bekommen. Ich selbst habe damals bei neun Kindergärten eine Absage erhalten, weil man Angst hatte, etwas falsch zu machen.

Erst der zehnte Kindergarten gab mir Gelegenheit zu einem Gespräch, in dem beide Seiten über Ängste und Nöte sprechen konnten.

Wenn Sie für ein allergiekrankes Kind einen Kindergartenplatz suchen, sollten Sie Folgendes beachten:

► Verheimlichen Sie die Allergien nicht, aber schildern Sie auch nur sachlich, was ansteht.

► Informieren Sie ausführlich, sei es durch Broschüren oder Infoblätter, damit sich das Team mit dem Thema beschäftigen kann.

► Wenn Sie einen Kindergartenplatz für Ihr allergiekrankes Kind suchen, ist ein offenes Gespräch mit den Erzieherinnen wichtig.

► Erwarten Sie nicht
zu viel vom Team.
Geben Sie selbst
Informationen weiter
und bieten Sie Ihre
Mitarbeit an!

► Suchen Sie das Gespräch mit dem Erzieher-
team.

► Besprechen Sie den Kindergartenalltag und
eventuell auftretende Probleme.

► Bieten Sie Ihre Mitarbeit an, erwarten Sie nicht
zu viel vom Team.

► Hinterlegen Sie eine Infomappe zu den Allergien des Kindes im Kindergarten.

► Hinterlegen Sie auch die Notfallmedikamente
(bitte genau mit dem Team besprechen).

► Geben Sie Ihrem Kind klare Anweisungen („ Du
isst nur das, was du von zu Hause mitgebracht
hast").

► Machen Sie Ihrem Kind keine Angst, vertrauen
Sie ihm.

Nun, was habe ich gemacht? Ich hatte ein langes
Gespräch mit dem Team, habe die allergischen Reaktionen erläutert und erklärt, was dann zu tun ist.

Wir haben uns darüber unterhalten, was im Alltag ein Problem werden könnte (gemeinsames Backen und Kochen, Ostereierausblasen, Basteln mit
Eiern, Geburtstagsfeiern). Ich habe immer wieder
mal angeboten, im Kindergarten zu helfen. So habe
ich mit der ganzen Gruppe Weihnachtsplätzchen
ohne Milch und ohne Ei gebacken, ein anderes Mal
haben wir Pizza gemacht (Pizza-Teig siehe Rezept
auf S. 89).

Leider konnte mein Sohn, wenn es um das Aus-
blasen und Bemalen von Ostereiern ging, nicht in
den Kindergarten, weil er ja schon bei Hautkontakt
starke Schmerzen bekommt. An solchen Tagen haben wir dann zu Hause Plastikeier bemalt.

Bei anstehenden Geburtstagsfeiern wurde ich
immer einen Tag vorher informiert und habe Alternativen für Jan mitgebracht. Wenn es mal ein Buffet
gab, haben wir uns darauf geeinigt, dass mein Sohn

Muster eines Infobogens für Kindergarten oder Schule

Informationen für den Kindergarten
Name des Kindes: ....
Geburtsdatum: ....
Telefon im Notfall: ....
oder ....
Telefon Arzt: ....
Telefon Krankenhaus: ....

Das Kind leidet unter
(Auflistung von Allergien, Asthma, Neurodermitis, Zöliakie usw):
....
....
....
....

Symptome,
die Maßnahmen erfordern/welche Maßnahmen/welche Medikamente?
....
....
....

Was darf das Kind nicht essen/trinken?
....
....
....

Darf das Kind am Sport teilnehmen?   Ja   Nein
Darf das Kind schwimmen?   Ja   Nein

Besonderheiten:
....
....

▶ Bei starken Allergien kann ein integrativer Platz beantragt werden. Wird er genehmigt, steht in der Kindergartengruppe eine zusätzliche Kraft zur Verfügung.

nur die Sachen essen durfte, auf deren Schüssel ein roter Punkt war. So habe ich einen Korb Brötchen, eine Schüssel Kreppel oder auch Nudelsalat gespendet und dann die roten Punkte angebracht. Das Kind sollte das Gefühl haben, Verantwortung zu tragen. Es hat immer super geklappt. Ich habe die Erfahrung gemacht, dass, wenn man mit dem Team zusammenarbeitet und nicht zu viel erwartet, es ganz locker laufen kann.

Bei starken Allergien kann es sinnvoll sein, für das Kind einen integrativen Platz zu beantragen (das haben wir gemacht). Dann waren in der Gruppe von 20 Kindern nicht zwei sondern drei Erzieherinnen. So fühlten sich alle sicherer.

Einmal war Jan mit dem Kindergarten sogar für drei Tage unterwegs, als Abschluss vor der Einschulung. Vorher haben wir uns ziemlich den Kopf zerbrochen. Wie sollte das laufen?

Da die Küche in der Jugendherberge keine Ahnung von Allergien hatte, haben wir folgende Lösung gefunden: Der Kindergarten hat eine Mikrowelle mitgenommen.

Jan bekam das Essen für drei Tage vorgekocht, es wurde in der Herberge sofort eingefroren. Brötchen, Brot, Margarine, Wurst usw. wurden in der Kühltasche mitgenommen. Überall stand sein Name drauf.

Weiterhin wurde eingepackt: ein eigener Teller und Besteck mit roten Griffen, damit es am Tisch nicht zu Verwechslungen kommen konnte. Natürlich wurden auch die Notfallmedikamente mitgenommen.

Ich kann nur sagen, das Kind kam zurück und war überglücklich, dass es hatte mitfahren konnte. Der Einsatz hatte sich gelohnt.

Eigene Geburtstagsfeier

Nun wird man ja nicht nur eingeladen, sondern feiert auch mal selbst Geburtstag.

Ich habe dann generell nur Kuchen gebacken, der frei von Milch und Ei war. Die Kinder wussten das zunächst nicht. Erst, als alle den gleichen Kuchen aßen, fiel auf, dass Jan den ja auch essen konnte. Bemerkungen wie: „Mensch, ich hätte ja nie gedacht, dass deine Sachen auch so lecker schmecken" bis hin zu: „Frau Schmitt, können Sie meiner Mama mal das Rezept für die Marzipanhörnchen geben?" waren immer eine erfreuliche Bestätigung meiner Bemühungen. Und Jan freute sich natürlich auch, dass es allen schmeckte und für ihn keine Ausnahmen gemacht werden mussten.

Bei den Preisen für Spiele, die während der Feier gespielt werden, bin ich ganz weg von Süßigkeiten. Es gab Kleinkram wie Lineale, Aufkleber, Mini-Geduldsspiele oder Daumenkinos.

► „Süße" Preise bei Geburtstagsspielen müssen nicht sein. Mit ein bisschen Fantasie finden sich dazu genügend Alternativen.

In den letzten Jahren haben wir den Kindergeburtstag immer als Halloweenparty gefeiert, weil am 31.10., dem Geburtstag meines Sohnes, eben auch Halloween ist. Die Idee kam gut an, noch bevor man in Deutschland dies als neuen Trend entdeckte. Für diese Partys habe ich dann eine Halloweentorte entworfen (siehe Rezept Seite 113), die gut ankam. Es gab Essen mit gruseligen Namen und sogar grünen Ketchup.

Bei allen guten Vorsätzen für die gesunde Ernährung: An einem Geburtstag darf es dann auch mal weniger gesund sein. Da gibt es dann auch mal Gummiwürmchen oder weiße Speckmäuse. Zu Vollkornbrot und Vitaminsaft können wir ja dann morgen wieder übergehen.

► Statt eine Einladung zum Kindergeburtstag abzusagen, ist es besser, sich mit den einladenden Eltern abzustimmen und dem eigenen Kind passende Speisen mitzugeben.

Einladung zum Kindergeburtstag

Irgendwann, im Kindergarten, kommt die erste Einladung zum Kindergeburtstag. Nun stellt sich die Frage, was mache ich?

Soll das Kind, vier Jahre alt, da alleine hingehen, obwohl es sich mit Lebensmitteln noch nicht auskennt und auch nicht so genau weiß, worauf es achten muss? Soll das Kind besser absagen? – Aber nur, weil es Allergien hat?

Wir haben das so gelöst: Ich habe die Mutter des Geburtstagskindes angerufen und mitgeteilt, dass Jan Allergien habe und überhaupt nichts bei ihr essen dürfte. Sie bot dann an, etwas Spezielles für ihn zu backen, musste dann aber eingestehen, dass sie noch nie etwas ohne Milch und ohne Ei gebacken hatte. Auch hätte sie nie gewusst, welche Margarine sie hätte nehmen dürfen.

Ich teilte ihr daher mit, dass es doch einfacher wäre, wenn ich wüsste, was es als Kuchen und später als Abendessen gibt. Dann könnte ich doch etwas Ähnliches für Jan vorbereiten. Die Idee fand sie gut, obwohl es ihr schon komisch vorkam, jemanden einzuladen, der dann sogar sein Essen selber mitbrachte.

Es gab einen Marmorkuchen und abends Pommes mit Miniwürstchen. Jan hatte Kindertörtchen dabei und am Abend konnte er die „normalen" Pommes mitessen. Ich hatte dann noch Miniwürstchen, die milcheiweißfrei waren, mitgegeben. Diese Würstchen wurden dann in einem separaten Topf erwärmt. Zur Sicherheit blieb ich die erste Stunde dabei, nicht weil ich Angst hatte, sondern weil die Mutter des Geburtstagskindes unsicher wurde.

Bei den Spielen bekam mein Sohn all die Preise, die auch die anderen Kinder bekamen (Süßigkeiten, Schokolade), aber wir hatten eine Vereinbarung, dass wir zu Hause tauschen würden. Das heißt, zu Hause gab es dafür dann Leckereien, die Jan auch essen durfte. Den Deal hat Jan angenommen und die Gastgeberin war erleichtert, dass sie sich nicht auch noch um so etwas Gedanken machen musste.

Es war ein toller Geburtstag und es ist natürlich nichts passiert.

Meine Tipps für Kindergeburtstage

▷ Sagen Sie eine Einladung nicht wegen Allergien ab – das schafft Isolation.

▷ Sprechen Sie sich mit den Gastgebern ab. Erwarten Sie nie, dass man für Ihr Kind eine „Extrawurst" brät. Eventuell können die Gastgeber Produkte nutzen, die Ihnen als milch- und eifrei bekannt sind.

▷ Versuchen Sie Ähnliches für Ihr Kind mitzugeben (Kuchen, Pommes, Brötchen usw.).

▷ Bleiben Sie locker und bereiten Sie Ihr Kind auf die neue Situation vor. Legen Sie Regeln fest: „Beim Schokokuss-Wettessen und beim Würstchenschnappen kannst du leider nicht mitmachen!"

▷ Zeigen Sie Ihrem Kind, dass Sie ihm vertrauen. Geben Sie ihm das Gefühl, dass es für sich selbst verantwortlich ist. Mit solchen Situationen wachsen die Kinder.

Lebensmittel, in denen Sie mit Milcheiweiß und Hühnereiweiß rechnen müssen	Alternativen
Eierspeisen (Pfannkuchen, Crêpes, Waffeln)	Gerichte ohne Ei und ohne Milch selbst herstellen.
Backwaren wie Brote, Gebäck, Kekse, Kuchen, Backmischungen, Fertigteige, Zwieback	Informieren Sie sich über die Zutaten, viele Firmen in Naturkost- und Reformhäusern bieten spezielle Produkte an. Leckereien selbst backen.
Fette wie Butter, Sahne, Schmand, Margarine, Rinderfett	Milchfreie Margarine, Soja Creme
Fertiggerichte aller Art	Fertiggerichte ohne Ei und Milch. Beim Hersteller nachfragen.
Tiefkühlgemüse (z. B. Rahmspinat, Pfannengemüse)	Tiefgekühltes Gemüse ohne Zusätze (Gehackter Spinat), frisches Gemüse. Milch- und eifreie Produkte
Kartoffelprodukte wie Kartoffelpüree, einige Sorten Pommes Frites, Kroketten, Kartoffelpuffer, Aufläufe, Knödel	Kartoffelgerichte komplett selbst zubereiten.
Wurst und Fleischprodukte wie Kalbsleberwurst, Frikadellen, gekochter Schinken, Paniertes, auch panierter Fisch	Roher Schinken, Kasseler, frisches Fleisch
Süßigkeiten wie Schokolade, Eis, Fertigdesserts, Nuss-Nougatcreme, Pralinen, Baiser	Milchfreie Süßigkeiten (z. B. Weingummi, Zartbitterschokolade, Zutatenliste lesen), Reiswaffeln, Wassereis, Salzstangen, Caroblade, Nusscreme ohne Milcheiweiß, Erdnussbutter, Popcorn (kein Mikrowellenpopcorn)
Mayonnaise, Fertigsaucen, Salatdressing, Ketchup, Nudeln, Hamburger, Pizza, Würzmittel	Tofunaise, selbst gemachte Saucen, Ketchup ohne, eifreie Nudeln, Pizza ohne Käse, Würzmittel ohne Milchbestandteile
Getränke wie Ovomaltine, Weine, Liköre, Campari, Milchmixgetränke	Wasser, Tee, Obstsäfte, Kaffee

Traue keinem!!!

Da glaubt man als gute Kundin an die Zutatenlisten, die eine namhafte Firma für Tiefkühlkost freundlichst herausgibt. Vertraut darauf, dass die Listen über die Zutaten stimmen. Bestellt das Produkt, in diesem Fall ein Eis, liest die Verpackung nochmals und muss dann feststellen, dass das Kind schon nach einem Schleck einen massiven Ausschlag und allergische Reaktionen bekommt. Da fragt man sich doch als Mutter: Was habe ich falsch gemacht? Antwort: Nichts!

Rückfragen bei der Firma haben ergeben, dass unter dem Begriff „Stabilisator Johannisbrotkernmehl" auch Milcheiweiß in minimalen Mengen verarbeitet worden ist.

Da diese Mengen unterhalb der Deklarationspflicht lagen, wusste natürlich niemand etwas. Für die Firma war die Sache natürlich sehr peinlich, man hat sofort Besserung gelobt, aber was nützt mir das, wenn mein Kind im schlimmsten Fall tot ist?

Also – Vorsicht, nicht immer ist nur das drin, was draufsteht!

Kochen und Backen ohne Milch und Ei

So klappt die Umstellung

Am Anfang ist es gar nicht so leicht, Altbewährtes beiseite zu lassen und bei den Essgewohnheiten neue Wege zu gehen. Hier ein paar Tipps, damit die Umstellung gelingt:

► Bei vielen Rezepten kann die **Butter** gut durch rein pflanzliche Margarine ersetzt werden. Viele Margarinesorten enthalten aber Magermilch oder Molkenpulver. Achten Sie beim Einkauf auf milcheiweißfreie Margarinen, die von verschiedenen Herstellern angeboten werden. Achten Sie genau auf die Zutatenliste!

► Statt **Kuhmilch** kann Sojamilch oder andere Ersatzmilch wie Reismilch, Kokos- oder Hafermilch verwendet werden. Bei der Ernährung von allergischen Säuglingen und Kleinkindern dienen Hydrolysatnahrungen als Milchersatz.

► Liegt keine Allergie gegen **Kasein** vor, können Sie auch Ziegen-, Schafs – oder Stutenmilch verwenden. Frische Ziegenmilch ist nicht überall verfügbar und wird daher auch in Pulverform angeboten (praktisch auf Reisen).

► Bei einer Allergie gegen Kasein, die leider recht häufig ist, ist **Ziegen- oder Schafsmilch** kein Ausweg. Die Kasein-Bestandteile sind zum größten Teil identisch und können die gleichen Reaktionen hervorrufen.

► Speisen mit **Eiern** können sehr gut auch mit „Ei-Ersatz" (entsprechende Produkte erhalten Sie

► Butter kann gut durch milchfreie Margarine ersetzt werden. Anstelle von Kuhmilch können Ersatzmilchen auf Soja- Reis-, Hafer oder Kokosbasis verwendet werden.

▶ Sojamehl, Johannisbrotkernmehl oder Ei-Ersatz ersetzt Eier in den entsprechenden Gerichten.

im Reformhaus) oder pflanzlichem Bindemittel aus Johannisbrotkernmehl zubereitet werden.

▶ **Sojamehl** kann Eier nur dann ersetzen, wenn das Ei wegen seiner bindenden Eigenschaft den Speisen zugesetzt wird (z. B. bei Klößen, Mürbe- und Hefeteig, Waffeln).

▶ Bei Unverträglichkeit der **Backhefe** kann die frische Backhefe durch Trockenhefe ersetzt werden. Die mit Trockenhefe hergestellten Kuchen und Gebäcke werden meist besser vertragen.

▶ Bei den meisten Rezepten kann man den **Zucker** durch Fruchtzucker ersetzen. Wenn Sie Honig verwenden, brauchen Sie meist etwas weniger Flüssigkeit.

▶ **Dekor** (Kuvertüre, bunte Streusel oder Marzipanfiguren) gibt es von einzelnen Herstellern auch garantiert milch- und eifrei. Im Zweifelsfall sollten Sie immer den Hersteller fragen oder sich von einer Allergieberaterin beraten lassen.

▶ Fertigprodukte so weit wie möglich meiden.

▶ **Fertigprodukte** sollten möglichst gemieden werden. Je stärker ein Lebensmittel vorgefertigt ist, umso weniger ist zu überblicken, ob Milch- oder Eibestandteile verwendet wurden.

Austauschliste für Allergiker

Ersetzt werden soll:	durch:
Tiermilch	Sojamilch, Reismilch, Mandelmilch, Kokosmilch, Sesammilch, Linsenmilch, Dinkelmilch
Sahne, Rahm	vegane „Sahne" oder „Schlagsahne", Sojamilch, Reismilch, Sojafrischcreme, Soja Creme
Butter	milchfreie Margarine
Eier beim Kuchen	Sojamehl, Johannisbrotkernmehl oder Ei-Ersatz
Käse	veganer Käse aus Soja in verschiedenen Sorten
Joghurt	Sojajoghurt in verschiedenen Variationen
Mayonnaise	Tofunaise oder Soja-Mayonnaise

Die meisten Produkte erhalten Sie im Reformhaus, Naturkosthandel oder im Versandhandel für Naturkost.

Falls Soja nicht vertragen wird, gibt es noch folgende Alternativen:
Reismilch
Mandelmilch
Linsenmilch
Sesammilch
Kokosmilch
Getreidemilch (aus Dinkel, Weizen, Gerste, Hafer)
Sesammilch oder Getreidemilch sollte mit Bindemittel (Johannisbrotkernmehl) angedickt werden.

Hier ist Kuhmilch versteckt

Kuhmilch versteckt sich hinter zahlreichen Namen, achten Sie darauf, was auf den Zutatenlisten steht! Hinweise auf Kuhmilch geben folgende Bezeichnungen:

▶ Milcheiweiß, Milchprotein
▶ Milchpulver
▶ Milchzucker, Laktose (nur relevant
  bei Laktose-Intoleranz)
▶ Molke
▶ Molkeneiweiß

▶ Molkenpulver
▶ Laktalbumin
▶ Kaseinate
▶ Kasein (Casein)
  (nur bei einer Kaseinallergie)

Bitte beachten Sie, dass Menschen mit Lakoste-Intoleranz generell alles meiden müssen, was Milcheiweiß und Laktose enthält, während Milchallergiker „nur" auf Milcheiweiß verzichten müssen – das heißt, sie können Produkte mit Milchzucker (Laktose) oder Milchsäurekulturen gut vertragen.

Rezepte für Kuhmilchersatz

Wenn Sie selbst Ersatzmilch herstellen möchten, hier einige Rezepte im Überblick. Alle diese Ersatzmilcharten sind roh. Deshalb bewahren Sie diese immer im Kühlschrank auf und verbrauchen Sie sie möglichst rasch. Die Haltbarkeit beträgt 1 – 2 Tage.

Für die Säuglingsernährung sind sie völlig ungeeignet.

Mandelmilch

100 g Mandeln, gemahlen
200 ml Wasser
feines Baumwolltuch

1. Mandelmehl mit dem Wasser ca. 2 Stunden in den Kühlschrank stellen. Zwischendurch ab und zu umrühren.
2. Die Masse durch ein feines Baumwolltuch geben. Fertig ist die Mandelmilch.

Linsenmilch

Zubereitung siehe Mandelmilch.

100 g Linsen,
gemahlen
200 ml Wasser
feines Baumwolltuch

Sesammilch (sehr calciumhaltig!)

Herstellung siehe Mandelmilch.

100 g Sesam,
fein gemahlen
200 ml Wasser
feines Baumwolltuch

Kokosmilch

1. Kokosflocken mit dem Wasser 2 – 4 Stunden quellen lassen.
2. Nach der Quellphase die Masse unter Rühren zum Kochen bringen, vom Herd nehmen und abkühlen lassen. Die Kokosmasse durch ein feines Baumwolltuch geben.

100 g Kokosflocken
500 ml Wasser
feines Baumwolltuch

Getreidemilch

1. Vollkornmehl mit dem Wasser vermischen und über Nacht quellen lassen.
2. Die Masse durch ein feines Baumwolltuch geben. Die Getreidemilch zum Kochen bringen. Mit Salz abschmecken.
3. Getreidemilch im kalten Wasserbad rasch abkühlen.

200 g Vollkornmehl,
grob gemahlen
(beispielsweise Dinkel,
Weizen, Gerste)
1,5 l Wasser
1 Prise Salz
feines Baumwolltuch

Joghurt selbst gemacht

Mit einer Joghurtmaschine (ist gar nicht so teuer), Sojamilch und käuflichen Mikroorganismen kann man Sojaghurt auch selbst machen. Er riecht wie „normaler" Joghurt und schmeckt auch so. Den Naturjoghurt können Sie dann mit Obst usw. verfeinern.

   Die Joghurtkulturen bekommen Sie wie die Sojamilch im Reformhaus oder im Naturkostladen.

Sojamilch
Joghurtkulturen

Hier sind Eier enthalten
► Protein
► Ovo...
► Fremdprotein
► Eiklar
Bitte beachten Sie, dass bei der Lebensmittelherstellung Eier oft zur Klärung von Flüssigkeiten wie Wein, Brühe und Fruchtsäfte verwendet werden. Dies ist der Zutatenliste nicht zu entnehmen.

Ei-Ersatz richtig genutzt

Jedes Ei-Ersatz-Produkt ist für bestimmte Koch- und Backzwecke geeignet. Hier ein Überblick:

„Ei-Ersatz"

(besteht aus Sojamehl, wird im Reformhaus angeboten.)

Verwendung: Pro Ei werden 2 TL Ei-Ersatz plus 2 – 3 EL Flüssigkeit benötigt.
Ei-Ersatz und Flüssigkeit mit einem Handrührgerät gut aufschlagen, dann erst in die Speisen geben.

„Dotterfrei"

(enthält noch Eiweiß, aber keinen Dotter mehr!)

Verwendung: Pro Ei werden 2 TL Dotterfrei plus 2 – 3 EL Flüssigkeit benötigt. Mit dem Handrührgerät gut aufschlagen und erst dann in die Speisen geben.

Vollfettes Sojamehl

(für Klöße und Bratlinge)

1 Ei kann jeweils durch 2 EL vollfettes Sojamehl, das mit 3 – 4 EL Flüssigkeit angerührt wird, ersetzt werden. Als Bindemittel beispielsweise in Klößen oder Bratlingen geeignet.

Pflanzliches Bindemittel
aus Johannisbrotkernmehl

Anstelle von 4 Eiern werden 160 ml Flüssigkeit plus ein Messlöffel Johannisbrotkernmehl (1 Gramm) verwendet.

(universelles Bindemittel, auch für Kuchen)

Beides kann einfach in warme oder kalte Speisen eingerührt werden. Kuchen werden damit wunderbar locker. Gut zum Binden von Saucen.

Kartoffelpüreepulver

Je nach Bedarf etwas vom Kartoffelpüreepulver in Saucen, Suppen usw. eingeben. Für Backwaren weniger geeignet.

(bitte nur ein milchfreies Pulver verwenden)

Geriebene Kartoffeln

Geriebene rohe oder gekochte Kartoffeln werden esslöffelweise unter den Teig gemischt. Dadurch werden Backwaren lockerer und bleiben länger frisch. Bietet sich auch gut zum Binden von Saucen und Suppen an.

(für Backwaren, Suppen und Saucen)

Hirse- oder Hefeflocken

Flocken nach und nach in die Speisen einrühren und andicken lassen. Vorsicht, es dauert ein wenig. Immer nur eine kleine Menge hinzugeben. Besonders geeignet für deftige Speisen.

(für pikante Gerichte)

Zum Backen und bei vielen Gerichten, die angedickt werden müssen, bevorzuge ich Johannisbrotkernmehl. Das Bindemittel ist schnell und einfach einzusetzen und hat keinen Eigengeschmack. Kuchen werden damit super locker. Mit „Ei-Ersatz" wird Kuchen, meiner Erfahrung nach, klebrig und sieht auch weniger appetitlich aus.

Gelier- und Bindemittel

Johannisbrotkernmehl
(zum Kochen und Backen)

► Johannisbrot-
kernmehl wird von
verschiedenen Herstel-
lern angeboten.

Hierbei handelt es sich um die Samen des Johan-
nisbrotbaumes, der im gesamten Mittelmeerraum
heimisch ist. Die Samen werden vermahlen und das
so gewonnene Johannisbrotkernmehl wird als Ver-
dickungs- und Bindemittel eingesetzt. Es ist zum
Binden von Saucen und Suppen geeignet, für Teige
aus Mehlen mit geringem Kleberanteil, für Desserts
und Kompott.

Produkte aus Johannisbrotkernmehl gibt es
mittlerweile unter verschiedenen Bezeichnungen in
Reformhäusern, Naturkostfachgeschäften, in vielen
Supermärkten mit Naturkostabteilung, aber auch in
der Apotheke (siehe dazu auch S. 65).

Es ist als Zusatzstoff unter der Nummer E 410
zugelassen.

Agar-Agar
(für Marmeladen und Kaltschalen)

► Agar-Agar gibt es
als Flocken oder
Pulver.

Agar-Agar ist ein aus Rotalgen gewonnenes Gelier-
mittel. Es ist sehr ergiebig und hat eine sechs- bis
zehnmal höhere Gelierkraft als Gelatine.

Zum Gelieren ist keinerlei Zuckerzusatz erforderlich. Im Handel ist es in Pulver- oder Flocken-
form erhältlich. Da es kein Lebensmittel, sondern
ein Zusatzstoff ist, muss es mit der E-Nummer 406
deklariert werden.

Agar-Agar ist geschmacksneutral und verändert
deshalb den natürlichen Eigengeschmack der Speisen
nicht. Es wird kalt angerührt und dann mit dem
Fruchtbrei erhitzt. Anschließend wird die Masse zum
Kochen gebracht und muss etwa 2 Minuten durch-
kochen. Erst beim Abkühlen, bei etwa 40 – 45 °C,

geliert die Masse, zunächst ist sie noch flüssig. Sie benötigen für einen halben Liter Fruchtsaft etwa einen
Teelöffel Agar-Agar.

Pektin

Pektin kommt hauptsächlich in unreifem Obst vor.
Währen der Obstreife wird Pektin enzymatisch ab-
gebaut. Es wird überwiegend aus Zitrusschalen, Ap-
feltrester und Rübenschnitzeln gewonnen. Pektin
ist im Handel in flüssiger Form oder als Pulver erhältlich und wird meist zur Marmeladen- und Ge-
leeherstellung benutzt. Als Zusatzstoff wird es mit
der E-Nummer E 440a gekennzeichnet.

▶ Pektin sorgt bei
Marmelade und Gelee
für die richtige
Konsistenz.

Fruchtgel und Konfigel

Die spezielle Naturkostprodukte sind vor allem für
Marmelade geeignet sind. Sie werden aus Apfel- bzw.
Citruspektin hergestellt. Fruchtgel enthält zusätzlich
noch Zitronensäure und Fruchtzucker. Konfigel wird
lediglich Kartoffelstärke als Bindemittel zugesetzt,
Zucker ist nicht enthalten.

Pfeilwurzelmehl (Arrowroot)

Das Mehl wird aus den Pfeilwurzeln der Marante-
pflanze gewonnen. Pfeilwurzelmehl ähnelt einer
feinen Speisestärke. Es muss kalt angerührt werden,
denn bei Hitze geliert es sofort. Pfeilwurzelmehl
wird hauptsächlich im Naturkosthandel angeboten.

▶ Kuzu und Pfeilwur-
zelmehl werden oft
verwechselt. Beide
werden aus Wurzeln
gewonnen und zu
weißem Pulver
verarbeitet.

Kuzu

Das Mehl aus den Wurzeln der Kuzupflanze ist ein
relativ teures, aber ergiebiges Bindemittel. Es ist zum
Andicken von Saucen, Suppen und Desserts geeignet,
kann aber auch für Pudding oder Glasuren verwendet werden. Kuzu-Wurzelpulver wird in kaltem Wasser angerührt und den kochenden Speisen zugesetzt.

Hinweise zu den Rezepten

Portionsgrößen

Soweit nicht anders angegeben, sind die Rezepte für 4 Personen berechnet.

Abkürzungen:
EL = Esslöffel
TL = Teelöffel
MSP = Messerspitze
ML = Messlöffel (bei Johannisbrotkernmehl)

Kleine Warenkunde

Mehl

▶ Teige aus Vollkornmehl benötigen mehr Flüssigkeit!

Mehl aus dem vollen Korn enthält nicht nur den fein vermahlenen Mehlkörper, sondern auch die vitamin- und mineralstoffreichen Randschichten und den Keimling.

Backen und Kochen mit Vollkornmehlen statt mit Weißmehlen ist gar nicht so schwierig, es bedarf nur etwas Übung!

Höher ausgemahlene Mehle benötigen mehr Flüssigkeit als normale Weißmehle (Type 405). Beim Backen mit Weizenmehl Type 1050 sollten etwa 15 Prozent mehr Flüssigkeit als gewohnt hinzugegeben werden. Bei Weizenvollkorn- und bei Roggenmehl benötigt der Teig 25 Prozent, bei Roggenvollkornmehl sogar 30 − 40 Prozent mehr Flüssigkeit. Waffel- oder Pfannkuchenteige sollten Sie deshalb eine Weile stehen lassen und dann eventuell noch etwas Flüssigkeit hinzugeben.

Die Umstellung können Sie erleichtern, wenn Sie Vollkornmehl und Weißmehle anfangs mischen. Bei Gebäck, das besonders zart und locker werden soll, können Sie das Mehl zweimal durch die Getreidemühle laufen lassen.

Zucker

Neben dem weißen Haushaltszucker gibt es eine Reihe von natürlichen Süßungsmitteln, die Sie für Desserts oder Kuchen verwenden können. Zum Backen sind Roh-Rohrzucker, den es mit unterschiedlichem Melassegehalt gibt, und Vollrohrzucker am besten geeignet. Im Naturkosthandel werden auch Puderzucker und Vanillezucker auf der Basis von Roh-Rohrzucker oder Vollrohrzucker angeboten.

▶ Probieren geht über studieren – das gilt auch bei Alternativen zu weißem Zucker.

In den Rezepten ist manchmal nur Zucker angegeben. Entscheiden Sie sich für die Art von Süße, die Ihrem Geschmack am besten entspricht und die für Sie am verträglichsten ist.

Johannisbrotkernmehl

Das universell einsetzbare Johannisbrotkernmehl ist im Reformhaus, im Naturkostfachgeschäft, in der Naturkostabteilung des Supermarktes oder der Apotheke unter Handelsnamen wie „Biobin" oder „Nestargel" zu finden. Einige Hersteller liefern einen kleinen Messlöffel mit (entspricht etwa 1 Gramm).

▶ 1 ML Johannisbrotkernmehl entspricht etwa 1 Gramm.

Bei den Rezepten in diesem Buch, in denen Johannisbrotkernmehl verwendet wird, werden stets Messlöffel (ML) angegeben. Beachten Sie bitte aber auch die Angaben des Herstellers auf der Verpackung, insbesondere wenn kein Messlöffel beigelegt wird.

Seidentofu

Ist eine tolle Sache, wenn man nicht auch noch gegen Soja allergisch ist.

Seidentofu ist so cremig und fein wie ein Pudding. Man kann daraus sogar „Käsekuchen" machen – schmeckt toll. Es ist aber auch für ein Salatdressing oder als Basis für Eis geeignet. Leider kann man Seidentofu nicht immer und überall bekommen. Ihr Naturkostladen oder Reformhaus kann Ihnen das Produkt aber bestellen.

Soja Creme

Als Alternative zu Sahne oder Schmand wird im Reformhaus oder im Naturkosthandel Soja Creme angeboten, beispielsweise unter der Bezeichnung „Soja Dream" oder „Soja Crémig neutral".

Soja Crémig ist vielseitig verwendbar, hat eine cremige Konsistenz und ist geschmacksneutral. Soja Dream kann zum Legieren von Suppen oder Saucen verwendet werden.

Mandeln sind keine Nüsse

Selbst wenn Sie gegen Nüsse allergisch sind, können die meisten Allergiker sehr gut Mandeln, Mandelmus, Marzipan usw. vertragen. Rein botanisch sind Mandeln keine Nüsse und rein allergologisch auch nicht.

Tipps zur Vorratshaltung

Pizzateig

Meist braucht man nicht den ganzen Teig eines Rezeptes. Formen Sie kleine Pizzaböden, belegen Sie diese schon nach Wunsch und backen Sie diese nur wenige Minuten (bis der Teig hochgeht). Dann einzeln einfrieren. Nach Bedarf aus der Truhe nehmen und etwa 10 Minuten bei 200 °C im Backofen backen.

Kuchenbackorgien

Sie kennen das, wenn man gerade ein Stück Kuchen oder Gebäck für einen Allergiker braucht, ist auch gerade nichts da.

Ich veranstalte alle paar Wochen bei uns eine Kuchenbackorgie oder einen Großbacktag. Das heißt, ich backe mehrere Bleche Apfelkuchen, mal schnell 40 Mini-Kindertörtchen und Mini-Hefezöpfe. Alles wird dann so frisch wie möglich eingefroren. Bitte so einfrieren, dass Sie einzelne Teile entnehmen können - also Kuchen vor dem Einfrieren in Stücke schneiden. Dann ist auch immer ein gewisser Vorrat da.

▶ Pikantes und süßes Gebäck kann gut auf Vorrat gebacken und eingefroren werden.

Die Tiefkühltruhe

Sie ist der beste Freund des Nahrungsmittelallergikers, nicht nur um vorzubacken, sondern auch, weil man viele Produkte für Allergiker nicht immer und überall bekommt. Da kaufe ich auch schon mal die Vollwert-Tiefkühl-Croissants aus dem Reformhaus und friere gleich drei Packungen ein. Auch beim Kochen wird immer etwas mehr veranschlagt, damit man etwas einfrieren kann. Diese Tiefkühl-Portionen kommen immer dann zum Einsatz, wenn der Rest der Familie gerade Rührei, Käsefondue oder Sahnetorte essen will.

Rezepte ohne Milch und Ei

Brot und Brötchen

Dinkelbrötchen

1. Dinkelmehl in eine Schüssel (Schüssel der Küchenmaschine, wenn vorhanden) geben. Meersalz und Hefe in dem lauwarmen Wasser auflösen. Flüssigkeit zu dem Mehl geben und alles mit dem Fett zu einem elastischen Teig verkneten.

2. Teig zugedeckt etwa 20 Minuten gehen lassen, dann nochmals gut durchkneten.

3. Teigmenge in zwei Portionen aufteilen, beide Teile zu Rollen formen und von den Rollen etwa 2 cm dicke Stücke abschneiden. Diese Stücke zu Kugeln formen, auf ein gefettetes Backblech legen, mit einem Tuch abdecken und nochmals 15 Minuten gehen lassen.

4. Backofen auf 250 °C vorheizen.

5. Brötchen auf der zweiten Leiste von unten in den Ofen schieben, noch eine Tasse heißes Wasser mit in den Ofen stellen. Nach 15 Minuten die Backtemperatur auf 175 °C reduzieren und die Brötchen weitere 20 Minuten backen.

650 g Dinkel,
  fein gemahlen
Meersalz
35 g Hefe
300 ml lauwarmes Wasser
50 g Margarine (milchfrei)

300 ml lauwarmes Wasser
Meersalz
30 g Hefe
1 TL Honig
450 g Dinkel,
*   fein gemahlen*
50 g Dinkel, geschrotet
30 g grob gehackte
*   Mandeln oder*
*   Sonnenblumenkerne*
75 g Margarine (milchfrei)

Je nach Geschmack
und Verträglichkeit
können die Brötchen
vor dem Backen noch
mit Samen wie
Sesam und Sonnen-
blumenkernen oder
mit Gewürzen
bestreut werden.

Flinke Brötchen

1. In dem lauwarmen Wasser Salz, Hefe und Honig auflösen. Mehl und Schrot in einer Schüssel vermischen. Gehackte Mandeln dazu geben. Die Wassermischung und das Fett dazugeben und alle Zutaten so lange verkneten, bis sich der Teig von der Schüssel löst.

2. Von dem Teig (eventuell mit zwei Löffeln) kleine Portionen abnehmen und die Brötchen auf das gefettete oder mit Backpapier ausgelegte Backblech setzen. Brötchen zugedeckt etwa 20 Minuten gehen lassen.

3. Brötchen im vorgeheizten Ofen bei 200 °C ca. 25 – 35 Minuten lang backen.

Rosinenbrötchen

1. Wasser, Salz, zerbröckelte Hefe und Rosinen in einer Schüssel miteinander vermengen. Mehl hinzufügen, alles in 5 Minuten zu einem festen Teig verkneten.
2. Teig in der Schüssel gut zugedeckt 15 – 20 Minuten gehen lassen.
3. Den Backofen auf 250 °C vorheizen und ein Gefäß mit heißem Wasser in den Ofen stellen.
4. Den Hefeteig nochmals gründlich durchkneten, in 12 Stücke teilen und diese zu runden Teiglingen formen.
5. Brötchen auf ein mit Backpapier ausgelegtes Backblech legen und gut zugedeckt etwa 10 Minuten gehen lassen.
6. Backblech auf der mittleren Schiene in den Ofen schieben und die Brötchen 15 – 20 Minuten bei 250 °C backen.

350 ml Wasser
Meersalz
30 g Hefe
100 g Rosinen
500 g Dinkel,
fein gemahlen

Diese Brötchen können Sie auch sehr gut mit dem „Grundrezept Hefeteig" (s. S. 108) zubereiten!

250 g Weizenmehl
Typ 405
250 g Weizenmehl
Typ 1050
1 Pck. Trockenhefe
ca. ¼ l Wasser
1 TL Salz
3 EL Pflanzenöl
1 EL Salz, in ½ Tasse
Wasser aufgelöst

Wasserwecken

1. Das Mehl und die Trockenhefe mischen.
2. Das lauwarme Wasser mit 1 TL Salz vermischen. Dann nach und nach zusammen mit dem Öl zum Mehl gießen und alles zu einem glatten Teig verkneten. Etwa 10 Minuten mit dem Handrührgerät kräftig durchkneten.
3. Ovale Brötchen formen, auf ein gefettetes Backblech legen und zugedeckt etwa 60 – 90 Minuten gehen lassen.
4. In jedes Brötchen längs eine breite Kerbe schneiden. 1 EL Salz mit einer ½ Tasse Wasser vermischen. Brötchen mit dem Salzwasser bepinseln und im vorgeheizten Backofen ca. 30 Minuten bei 200 °C knusprig backen.

Haferbrötchen

1. Wasser, Salz und zerbröckelte Hefe in der Rührschüssel der Küchenmaschine vermengen.

2. Vollkornmehl und Gewürze hinzufügen und alles mit den Knethaken 5 Minuten zu einem festen, aber elastischen Teig verkneten. Teig in der Rührschüssel zugedeckt 20 – 30 Minuten gehen lassen.

3. Dann den Hefeteig nochmals gründlich durchkneten, drei Rollen daraus formen, daraus je fünf bis sechs Teile schneiden und diese zu runden Teiglingen formen.

4. Die Brötchen mit Wasser bepinseln und mit Haferflocken, Sesam oder Kümmel bestreuen. Nun die Brötchen auf einem mit Backpapier ausgelegten Backblech nochmals 20 – 30 Minuten zugedeckt gehen lassen.

5. Backofen auf 225 °C aufheizen und ein Gefäß mit Wasser in den Ofen stellen. Brötchen 25 – 30 Minuten auf der mittleren Schiene backen.

500 ml Wasser
10 g Meersalz
40 g Hefe
500 g Dinkel,
  fein gemahlen
250 g Hafer, fein gemahlen
1 EL Anis, gemahlen
1 TL Fenchel, gemahlen
Haferflocken, Sesam oder
  Kümmel zum Bestreuen

Wenn Sie beim Backen etwas Wasser in einer hitzefesten Form in den Backofen stellen, sorgt der entstehende Wasserdampf dafür, dass Ihre Backwaren eine leckere Kruste bekommen.

Brot mit Sauerteig

Sauerteigherstellung in 3 Stufen
1. Stufe

100 g frisch gemahlenes
Roggenvollkornmehl
120 ml Wasser (40 °C)

Mehl und lauwarmes Wasser vermischen und abgedeckt 48 Stunden an einen ruhigen Ort bei Raumtemperatur (ca. 20 °C) stellen.

2. Stufe

100 g frisch gemahlenes
Roggenvollkornmehl
120 ml Wasser (40 °C)

Mehl und Wasser zum Teig hinzufügen, gut vermischen und weitere 24 Stunden stehen lassen.

3. Stufe

200 g frisch gemahlenes
Roggenvollkornmehl
200 ml Wasser (40 °C)

Roggenmehl und Wasser zum Teig geben und gut vermischen, 24 Stunden ruhen lassen.

Brotteig

750 g frisch gemahlenes
Roggenmehl oder
Mischung aus Roggen-
und Weizenmehl
300 ml Wasser (40 °C)
400 g frischer Sauerteig
20 g Jodsalz

1. Mehl in eine Schüssel geben, Wasser, Sauerteig und Salz dazugeben und alle Zutaten miteinander vermischen, Teig 15 Minuten durchkneten und 30 Minuten an einem warmen Ort gehen lassen.
2. Teig erneut durchkneten und in einer Brotform 30 Minuten gehen lassen.
3. Brot im Backofen 1 Stunde bei 200 °C backen, dabei ein hitzefestes Gefäß mit Wasser in den Ofen stellen.

Sauerteigvermehrung

50 g alter Sauerteig
375 g frisch gemahlenes
Vollkornroggenmehl
480 ml Wasser (40 °C)

Zutaten verkneten und bei 20 °C etwa 24 Stunden gehen lassen. Dann wie frischen Sauerteig weiterverarbeiten.

Würziges Dinkelbrot

1. Das frisch gemahlene Getreide mit allen Zutaten mischen und ungefähr 10 – 15 Minuten gut durchkneten.
2. Den Teig 30 Minuten gehen lassen, danach noch einmal kräftig kneten.
3. Eine Kastenform mit Margarine ausfetten, Brotlaib formen, locker in die Form legen und nochmals 30 Minuten gehen lassen.
4. Das Brot längs einschneiden und auf der mittleren Schiene bei 250 °C eine Stunde backen.

400 g Dinkelmehl
275 g Grünkernschrot
½ l lauwarmes Wasser
½ TL Honig
1 Pck. Trockenhefe
1 TL Meersalz
Kräuter wie Petersilie, Dill,
  Schnittlauch
Margarine (milchfrei)
  zum Fetten

Apfelbrot

1. Mehl mit Hefe, Wasser und dem Sirup zu einem Hefeteig verarbeiten und etwa 10 – 15 Minuten gehen lassen.
2. Äpfel klein scheiden oder raspeln. Mit Rosinen, Kokosraspeln, Öl und den Gewürzen zum Teig geben und alles gut miteinander vermengen. So lange kneten, bis ein geschmeidiger Teig entsteht. Diesen auf dem Tisch zu einem Brot formen.
3. Teig 15 Minuten ruhen lassen.
4. Apfelbrot bei 220 °C etwa 45 Minuten backen.

550 g Weizenvollkornmehl
1 Würfel Hefe
340 g Wasser
1 EL Sirup oder Honig
250 g Äpfel
50 g Rosinen
3 EL Kokosraspeln
50 g kaltgepresstes
  Pflanzenöl
10 g Meersalz
1 MSP Zimt

Das Apfelbrot ist
bei Kindern
sehr beliebt.
Es schmeckt auch
pur ganz lecker!

Erster Urlaub mit einem allergiekranken Kind

Mein Sohn war gerade sieben Monate alt, als wir beschlossen, mal etwas anderes zu sehen.

Also Reisepläne gemacht. Sehr schnell war klar, dass wir nicht ins fremdsprachige Ausland reisen konnten. Wie sollten wir, zum Beispiel in Spanien, erfahren, welche Nahrungsmittel Milch und Ei enthielten? Wie sollten wir uns verständigen, wenn es doch mal gesundheitliche Probleme gäbe, würde uns der Arzt verstehen? Kannte man dort überhaupt Kinder, die so stark allergisch waren? ·

Fragen über Fragen. Also sind wir nach Österreich gefahren. Wir haben uns, natürlich, für eine Ferienwohnung entschieden, weil im Hotel ja auch keiner hätte für das Kind kochen können. Andererseits ist man auch unabhängiger, gerade mit einem so kleinen Kind.

Also Ferienwohnung war klar, aber wie ist das mit dem Essen? Ob die da auch die Gläschen der Firma XY hatten, die milchfrei waren? Ob es da auch geeignete Milchersatznahrung gibt? Um kein Risiko einzugehen, hatten wir den ganzen Kofferraum voller Gläschen mit Babynahrung und Packungen mit Milchpulver. Vorsorglich etwas mehr, man weiß ja nie. Ich kam mir schon ziemlich blöde vor, als wir ausgeladen haben.

Es war ein schöner Urlaub, aber nur, weil wir so gut vorbereitet waren. Denn die Gläschen, die mein Sohn hätte essen dürfen, gab es dort wirklich nicht, von der Milchersatznahrung auf Sojabasis wollen wir gar nicht reden.

Mein Tipp:
Gut planen, gut informieren. Gerade bei Nahrungsmittelallergikern ist es meist besser, eine Ferienwohnung zu nehmen. Viele Kellner und Köche meinen es vielleicht gut mit Ihnen und servieren dann doch etwas, was für Sie unbekömmlich sein könnte.

Brotaufstriche

Getreidebutter

1. Wasser zum Kochen bringen, Mehl einstreuen, umrühren, aufkochen lassen. Etwa 10 Minuten ausquellen und dann abkühlen lassen.
2. Die Porreestange klein schneiden und in wenig Wasser weich dünsten.
3. Die weiche Margarine in die kalte Getreidemasse geben, den Porree ebenfalls dazugeben und alles gut vermischen. Mit Hefeflocken und Meersalz gut abschmecken.
4. Die Masse etwa 1 Stunde durchziehen lassen.

100 ml Wasser
50 g feines Grünkern-
oder Dinkelmehl
50 g weiche Margarine
(milchfrei)
1 Stange Porree
½ bis 1 EL Hefeflocken
Meersalz nach Geschmack

Aufstrich im Schraubdeckelglas
im Kühlschrank aufbewahren.

Hefeflockencreme mit Kräutern

1. Die Margarine mit den Kräutern cremig rühren. Hefeflocken und Soja Creme nach und nach zugeben.
2. Die Creme mit Salz, Gemüsebrüheextrakt und dem Pfeffer nach Bedarf abschmecken. In ein Schraubglas füllen.
3. Der Aufstrich ist im Kühlschrank mehrere Tage haltbar.

60 g weiche Margarine
(milchfrei)
2 EL feingehackte frische
Kräuter (oder Tiefkühl-
kräuter)
50 g Hefeflocken
1 EL Soja Creme
Meersalz
etwas Gemüsebrüheextrakt
(milch- und eifrei)
etwas weißer Pfeffer

Wenn Sie nicht gegen Kasein allergisch sind,
kann statt Soja Creme auch Ziegenquark
verwendet werden.

Avocadocreme

2 – 3 Avocados
1 Zitrone (Saft)
1 Zwiebel
1 – 2 Knoblauchzehen
80 g Soja Creme
2 – 3 EL Sojamilch
Salz und Pfeffer

1. Die Avocados schälen, entkernen und grob zerschneiden. Mit dem Zitronensaft pürieren.
2. Die Zwiebel hacken, die Knoblauchzehe(n) zerdrücken. Beides zum Avocadomus geben und noch einmal kurz pürieren.
3. Soja Creme und Sojamilch unter das Avocadomus rühren, mit Salz und Pfeffer abschmecken.

Süße Avocadocreme

1 reife Avocado
4 EL Orangensaft
1 EL Honig
1 Prise Ingwer

1. Die Avocado halbieren, den Kern herauslösen und das Fruchtfleisch vorsichtig herauslöffeln.
2. Avocadofruchtfleisch mit einer Gabel zerdrücken, dabei mit den übrigen Zutaten vermischen. Wer es ganz fein mag, kann das Mus auch mit einem Mixer pürieren.

Tofucreme (süß)

175 g Tofu neutral
1 TL Vanillepulver
1 ½ TL Öl
1 Prise Salz
25 g Zuckerrübensirup

1. Den Tofu mit einer Gabel zerkneten. Die restlichen Zutaten hinzufügen.
2. Anschließend die Masse mit dem Mixer aufschlagen, bis sie fein und klümpchenfrei ist.

Die Tofucreme
schmeckt
besonders gut
auf Waffeln.

Schoko-Nuss-Creme

1. In einem Topf wenig Wasser zum Kochen bringen. Eine Edelstahlschüssel auf den Topf stellen und die Schokolade darin erwärmen, bis sie flüssig ist.
2. Die Schokolade ein wenig erkalten lassen und unter die Margarine rühren. Das Haselnussmus ebenfalls unterrühren.
3. Die Schoko-Nuss-Creme mit Ahornsirup nach Geschmack süßen. Fertige Creme im Kühlschrank aufbewahren.

50 g Zartbitterschokolade
100 g zimmerwarme
Margarine (milchfrei)
50 g Haselnussmus
Ahornsirup nach
Geschmack

Rohe Marmelade ohne Geliermittel

1. Die Äpfel und Birnen waschen, schälen und klein schneiden.
2. Das Trockenobst ebenfalls in kleine Stücke schneiden und alles zusammen im Mixer pürieren.
3. Das Püree wird nach kurzer Zeit gelieren. Im Schraubdeckelglas kann man es einige Tage im Kühlschrank aufbewahren.

250 g Äpfel
250 g Birnen
75 g getrocknete Feigen
75 g getrocknete Datteln

Zuckerarme oder zuckerfreie Marmelade ist nicht so lange haltbar, denn es wurde ja am „Konservierungsstoff" Zucker gespart. Sie müssen deshalb ganz besonders sorgfältig und hygienisch arbeiten. Verwenden Sie nur ganz gesunde, reife Früchte. Obst mit fauligen oder braunen Stellen gehören nicht in die Marmelade. Füllen Sie die Marmelade am besten in kleine (ca. 250 g) „Twist-off-Gläser", damit sie nicht schimmelt, vorher müssen Glas und Deckel gründlichst gereinigt werden.

1 kg Pflaumen, entsteint
200 g Honig
Zitronensaft
Zimt
2 geh. TL Agar-Agar

Pflaumenmarmelade

1. Die Pflaumen im Mixer pürieren. Anschließend in einen Topf geben und unter ständigem Rühren zum Kochen bringen.

2. Honig, Zitronensaft, Zimt und das in wenig Wasser angerührte Agar-Agar dazugeben.

3. Die Marmelade nur noch kurz aufkochen lassen, sofort in vorbereitete Gläser füllen und schnell mit einem Schraubdeckel verschließen.

4. Langsam abkühlen und einige Stunden stehen lassen.

Nach dem Einfüllen der Marmelade (direkt nach dem Kochen) und dem Schließen der Gläser werden die Gläser sofort auf den Deckel gestellt und nach 5 Minuten wieder umgedreht. Einmal geöffnete Gläser sollten im Kühlschrank aufbewahrt werden.

Mit einem allergiekranken Kind im Krankenhaus

Waren Sie schon mal mit einem allergiekranken Kind im Krankenhaus? Wenn nicht, dann seien Sie vorgewarnt. Denken Sie bloß nicht, dass man in jeder Kinderklinik so etwas wie Milchersatznahrung hat. Glauben Sie auch nicht, dass man Rücksicht darauf nimmt, ob Ihr an Neurodermitis erkranktes Kind die Billigwindel der Klinik verträgt.

Als mein Sohn gerade mal zehn Monate alt war, musste er plötzlich im Krankenhaus stationär aufgenommen werden.

Nach stundenlangen Untersuchungen bekam das Kind dann auch mal Hunger. Leider glaubte mir keiner so recht, dass ein Kind gegen Milch allergisch sein könnte – und das in einer Kinderklinik! In der ganzen Klinik sah sich niemand im Stande, etwas Milchfreies oder eine Milchersatznahrung auf Sojabasis zu beschaffen. Das Kind weinte vor Hunger, die Mutter war mit den Nerven fertig. Die Ärzte und Schwestern meinten: „So ein bisschen Milch wird schon nicht schaden", obwohl ich genau geschildert hatte, dass das Kind einen allergischen Schock bekommen könnte.

Also – meinen Mann nach Hause geschickt (hin und zurück gut 1,5 Stunden Fahrzeit), Milchersatznahrung von zu Hause holen. Dann wollte man mir nicht mal gestatten, in der Teeküche der Station die Milch zuzubereiten. Weil „die ist ja nur hysterisch, der Kleine hat bestimmt nichts".

Eigentlich unbegreiflich, dass eine Kinderklinik keine andere als milchhaltige Babynahrung hat, zumal doch allgemein bekannt ist, dass die Zahl allergiekranker Kinder immer mehr zunimmt. Und welches ist wohl die häufigste Nahrungsmittelallergie bei den Kindern? – Die Milchallergie!

Wenn Sie also mal mit Ihrem Kleinkind ins Krankenhaus müssen, dann sollten Sie Babynahrung mitnehmen. Nehmen Sie auch die Windeln Ihres Kindes mit, denn oft genug kommt es zu Unverträglichkeiten.

Allen Eltern kann man nur raten, den Ärzten und dem Klinikpersonal klar und deutlich zu erklären, dass Allergien vorhanden sind. Bringen Sie notfalls auch Arztberichte mit.

Sollte Ihr Kind eine lebensbedrohliche Allergie haben, sollten Sie vielleicht auch noch ein Schild an das Bettchen machen, wenn Sie nicht immer bei Ihrem Kind sein können.

Suppen und Eintöpfe

500 g Kartoffeln
3 Karotten
1 Stange Porree
60 g Margarine (milchfrei)
¼ l Gemüsebrühe
1 Kopf Chinakohl
Jodsalz

Wer mag, kann auch
einige gekochte
Getreidekörner zum
Eintopf geben.

Chinakohleintopf

1. Die Kartoffeln schälen, in Würfel schneiden. Karotten und Porree waschen und in Würfel schneiden.

2. Margarine in einem großen Topf zerlassen und Karotten darin dünsten. Kartoffeln dazugeben und weiter dünsten. Gemüsebrühe hinzufügen.

3. Den Chinakohl säubern, grob schneiden und ebenfalls zu den Kartoffeln geben.

4. Den Porree dazugeben und alles noch etwa 15 Minuten kochen lassen. Mit etwas Salz abschmecken.

Blumenkohlsuppe

1. Sojamilch erwärmen, Öl sowie eine Prise Salz hinzufügen.
2. Blumenkohl in Röschen teilen, waschen und in Salzwasser etwa 15 Minuten garen.
3. Das Kohlwasser durch ein Sieb gießen und wenn erforderlich auf ¾ Liter ergänzen.
4. Margarine zerlassen, das Mehl unter Rühren zufügen und anschwitzen (Mehlschwitze), bis es goldgelb ist. Den Gemüsesud und die Sojamilch unter Rühren mit einem Schneebesen hinzugeben. Bitte achten Sie darauf, dass keine Klümpchen entstehen!
5. Suppe einmal aufkochen und dann 10 Minuten quellen lassen.
6. Mit Salz, Suppenwürze, Pfeffer und Muskatnuss abschmecken und zum Schluss die Blumenkohlröschen hinzugeben. Etwa 20 Minuten garen lassen.

¼ l Sojamilch
2 EL Maiskeimöl
Salz
250 g Blumenkohl
¾ l kochendes Salzwasser
40 g Margarine (milchfrei)
40 g Mehl
¼ l Sojamilch
gekörnte Gemüsebrühe
*   (milch- und eifrei)*
Pfeffer
Muskatnuss, gerieben

Kürbis-Curry-Cremesuppe

2 EL Margarine (milchfrei)
1 Zwiebel, fein gehackt
300 g Kürbisfleisch,
* gewürfelt*
1 EL Mehl
2 TL Curry, indisch oder
* englisch*
2 EL gekörnte Gemüse-
* brühe (milch- und eifrei)*
750 ml Wasser
200 ml Sojamilch (oder
* andere alternative Sorten)*
Pfeffer
1 TL Akazienhonig
Muskatnuss, gerieben
200 g Sojajoghurt, natur
frische Kräuter, gehackt

1. Margarine in einem Topf erhitzen, Zwiebel darin dünsten. Den Kürbis beifügen und kurz mitdünsten.

2. Mit dem Mehl und dem Currypulver bestäuben und nochmals kurz dünsten.

3. Würzige Brühe mit Wasser hinzufügen. Den Kürbis darin leicht garen und dann pürieren.

4. Die Kürbissuppe mit Sojamilch mischen, aufkochen und von der Herdplatte nehmen. Mit Akazienhonig, Pfeffer und Muskat abschmecken.

5. Sojajoghurt unter die heiße Suppe ziehen – nicht mehr kochen! Mit gehackten Kräutern bestreuen.

Akazienhonig ist relativ neutral im Geschmack und daher als Süßungsmittel sehr vielseitig verwendbar.

Currycremesuppe mit Bananen

1. Zwiebel und Knoblauch fein hacken und in der Margarine glasig dünsten.
2. Zwei Bananen klein schneiden und mitdünsten. Alles mit Mehl bestäuben und mit der kalten Gemüsebrühe ablöschen. Suppe mindestens 15 Minuten köcheln lassen.
3. Suppe pürieren und abschmecken. Soja Creme unterrühren.
4. Die dritte Banane in dünne Scheiben schneiden und in die Suppe geben. Mit Pistazien garnieren.

1 Zwiebel
1 Knoblauchzehe
30 g Margarine (milchfrei)
3 reife Bananen
40 g Mehl
1 l Gemüsebrühe
Currypulver
Pfeffer
200 g Soja Creme
1 EL Pistazien, gehackt

Nur vollausgereifte Bananen haben das richtige Aroma für diese köstliche Suppe. Wenn die Schale kleine, braune Punkte hat, sind die Bananen gerade richtig!

Kartoffelsuppe mit Sauerkraut

1 große Zwiebel
300 g mehlige Kartoffeln
2 – 3 EL Sonnenblumenöl
1100 ml Gemüsebrühe
400 g Sauerkraut
½ EL Kümmel
150 g Soja Creme
1 Prise Kräutersalz
1 Prise schwarzer Pfeffer
1 Bund Schnittlauch

1. Zwiebel fein würfeln. Kartoffeln schälen und in kleine Würfel schneiden.
2. Die Hälfte des Öls in einen großen Topf geben und die Hälfte der Zwiebel darin glasig dünsten.
3. Kartoffelstücke hinzugeben und mit anbraten. Mit einem Liter Gemüsebrühe ablöschen. Zugedeckt bei mittlerer Hitze etwa 15 Minuten weich kochen.
4. Sauerkraut auf ein Sieb geben und abwaschen.
5. Restliches Öl in einem weiteren Topf erwärmen. Übrige Zwiebel und Kümmel darin dünsten. Sauerkraut hinzugeben und kurz anbraten. Mit der restlichen Gemüsebrühe ablöschen. Bei mittlerer Hitze etwa 10 Minuten dünsten.
6. Kartoffeln pürieren, Soja Creme dazugeben. Suppe salzen und pfeffern. Sauerkraut einrühren.
7. Mit Schnittlauch bestreut servieren.

Kartoffelcremesuppe

1½ l Gemüsebrühe
1 TL Basilikum
1 TL Majoran
30 g Buchweizen oder
 Gerste
750 g Kartoffeln
4 Karotten
1 Stange Porree
1 kleines Stück Sellerie
1 TL Curry
Pfeffer
Knoblauchzehe
etwas frische Petersilie

1. Gemüsebrühe mit Basilikum und Majoran zum Kochen bringen.
2. Buchweizen oder Gerste fein mahlen und unter Rühren in die kochende Flüssigkeit streuen.
3. Kartoffeln waschen, bürsten oder eventuell schälen und in kleine Würfel schneiden. In die Suppe geben und etwa 15 Minuten kochen lassen.
4. Karotten, Porree und Sellerie waschen und putzen. Karotten und Sellerie grob raspeln, Porree in kleine Ringe schneiden.
5. Suppe im Mixer oder mit dem Pürierstab pürieren, mit Curry, Pfeffer und etwas Knoblauch abschmecken. Noch einmal kurz aufkochen lassen.
6. Mit etwas frischer Petersilie servieren.

**Über den Wolken muss die Freiheit wohl grenzenlos sein
– aber nicht, wenn Sie Allergien haben.**

Freunde von uns, die auch ein allergiekrankes Kind haben, haben mir
Folgendes berichtet:

Schon des Öfteren war Familie S. mit dem Flugzeug und dem allergischen Kind unterwegs. Immer hatte man etwas zu essen für das Kind
dabei. Erst nach einigen Flügen wies eine Stewardess darauf hin, dass
man für das Kind das Essen ja hätte vorbestellen können. Es gäbe da
verschiedene Möglichkeiten von vegetarisch bis koscher, je nach Be-
dürfnissen und Religion. Das hörte sich gut an, das wollte man beim
nächsten Mal einfach versuchen.

Das nächste Mal: Bei der Buchung wurde gleich angegeben, dass ein
Essen für das Kind ohne Milch, ohne Ei, ohne Fisch und ohne Nüsse
sein sollte. Dies wurde registriert, aber auch mit dem Hinweis: „Hof-
fentlich funktioniert es, ganz sicher kann man nicht sein". Die Flugge-
sellschaft konnte keine Garantie geben.

Beim Hinflug ins Urlaubsland kam dann das Essen für das Kind mit
der Aufschrift „No egg, no milk, no nuts". Die Margarine war milchfrei, stand drauf, die Marmelade war auch über jeden Zweifel erhaben.
Brot und Brötchen? Keine Ahnung. Der Salat aber war mit Walnussstü-
cken übersät. Der Hinweis an die Flugbegleiterin, dass Walnüsse ja wohl
Nüsse seien, wurde wenig beachtet. Das Kind isst schließlich wieder nur
das, was man mitgenommen hatte.

Beim Rückflug kommen zwei Essen. Eines ohne Ei, ohne Fisch und
ohne Nüsse, eines ohne Milch. Es schmeckte ganz fürchterlich. Ist es so
schwer, ohne Milch und Ei ein schmackhaftes Essen zu machen?

Fazit: Die Idee, dass man Essen vorbestellen kann, mag ja gut ge-
meint sein, funktioniert aber nicht. Verlassen Sie sich nicht darauf. Nehmen Sie lieber selbst etwas mit.

Aber auch mir ist das schon widerfahren. Bei einer Buchung bestellte
ich ein Essen ohne Fisch, gegen den ich hochgradig allergisch bin. Wir
sind gerade einige tausend Meter über der Erde, als in einem Körbchen
kleine Croissants gereicht werden. Ich frage die Flugbegleiterin, ob die

denn gefüllt seien. Antwort, ja mit Frischkäse. Ich betone nochmals, dass ich gegen Fisch allergisch bin und auch Lachs nicht vertrage. Die Flugbegleiterin schaut mich treu an, betont, dass sie von meiner Allergie wegen der Vorbestellung wisse und dass da ganz bestimmt kein Fisch drin sei.

Ich glaubte ihr – das war mein Fehler. Nach nur einem Biss in das Croissant bemerke ich, dass es sich um Lachsfüllung handelt. Nicht nur, weil man es schmeckte, sondern auch, weil mir sofort die Zunge anschwoll und ich nach Luft japste.

Ich rief die Flugbegleiterin, die überhaupt nicht verstand, was ich wollte und teilte ihr mit, dass im Essen Fisch enthalten war und ich jetzt eine schwere allergische Reaktion bekommen hätte. Das interessierte die Dame aber nicht. Sie ging wieder. Ich rief sie noch mal und bat um ein Glas Wasser, damit ich meine Notfallmedikamente nehmen konnte. „Wozu Medikamente?" Inzwischen war meine Zunge dick angeschwollen, ich bekam kaum noch Luft und auch das Gesicht war angeschwollen. Überall auf der Haut juckte es.

Ich habe mich beruhigen müssen, weil mein Zustand immer schlechter wurde, und Hilfe hier ja nicht zu erwarten war. Alles, was ich an Notfallmedikamenten zufällig in der Tasche hatte, habe ich auch genommen. Als wir dann in Basel gelandet sind, konnte ich kaum gehen, hatte Schwindel, Atemnot und war durch die starken Medikamente kurz vor dem Einschlafen.

Tipp: Nie auf andere verlassen, wenn man starke oder lebensbedrohliche Allergien hat. Allzu oft wird man Sie nicht ernst nehmen. Nehmen Sie sich lieber ein Brot mit und tragen Sie immer Ihre Notfallmedikamente bei sich.

Heißgeliebte Hauptgerichte

Pizzateig

1. Mehl in eine Schüssel geben. Frische Hefe mit dem Zucker und etwas lauwarmem Wasser verrühren und 10 Minuten gehen lassen (Trockenhefe mit dem Mehl vermischen).
2. Hefe zum Mehl geben. Lauwarmes Wasser und Öl dazugießen, Salz an den Rand geben. Alle Zutaten zu einem Teig verkneten. (Der Teig ist sehr klebrig – aber das ist ganz normal). Teig etwa 1 Stunde in abgedeckter Schüssel an warmem Ort gehen lassen.
3. Teig ausrollen und nach Wahl belegen.

500 g Mehl
1 Pck. Frischhefe oder Trockenhefe
1 TL Zucker
300 ml Wasser
1 EL Öl
2 TL Salz

Das Rezept eignet sich auch sehr gut für die Brotbackmaschine.

Kartoffelsalat

1. Kartoffeln in der Schale kochen, noch heiß schälen und in Scheiben schneiden.
2. Porree in feine Ringe, Äpfel in kleine Würfel schneiden.
3. Aus Essig, Öl und Salz eine Marinade anrühren und über die Kartoffeln geben. Lauch, Äpfel und Wasser dazugeben und alles gut vermischen.
4. Salatgurke schälen, halbieren, in Scheiben schneiden und unter den Salat heben.
5. Mit frischer Petersilie bestreuen.

1 kg Kartoffeln
80 g Porree
250 g Äpfel
2 – 3 EL Essig
6 EL Öl
1 TL Salz
¼ l Wasser
200 g Salatgurke
frische Petersilie

Leichte Mayonnaise

1 Apfel
4 EL Sojajoghurt
1 TL passierte Tomaten
1 TL milder Senf
1 TL Apfelessig
Honig
Salz
Pfeffer

1. Apfel fein reiben.
2. Mit den restlichen Zutaten mischen und nach Bedarf abschmecken.

Die Mayonnaise eignet sich für alle Salate. Bitte im Kühlschrank aufbewahren, möglichst noch am gleichen Tag verbrauchen.

Für Nudelsalat eifreie Nudeln verwenden.

Anstatt Mayonnaise können Sie Tofunaise oder pflanzliche Mayonnaise verwenden, wenn es mal schnell gehen muss und Sie Ihre Mayonnaise nicht selbst herstellen möchten.

Kartoffel-Karotten-Gemüse

200 g Karotten
500 g Kartoffeln
125 ml Wasser
1 TL gekörnte Gemüse-
brühe (milch- und eifrei)
1 Lorbeerblatt
3 – 4 Petersilienstängel
Muskatnuss, gerieben
2 EL gehackte Petersilie
3 EL Soja Creme

1. Geputzte und geschälte Karotten und die Kartoffeln in große Würfel schneiden.
2. Gemüse mit Wasser, Gemüsebrühe, dem Lorbeerblatt und den Petersilienstängeln zum Kochen bringen. Mit Muskat würzen.
3. Bei schwacher Hitze etwa 15 Minuten dünsten. Lorbeerblatt und Petersilienstängel wieder entfernen.
4. Petersilie und die Soja Creme untermischen.

Kartoffelauflauf

1. Die Kartoffeln in der Schale garen, abschrecken und pellen. Dünn in Scheiben geschnitten in eine Auflaufform legen.
2. Soja Dream in einer Schüssel mit Salz und evtl. anderen Gewürzen vermischen. Johannisbrot-kernmehl hinzugeben. Gut verrühren.
3. Sauce über den Auflauf geben.
4. Auflauf etwa 15 Minuten bei ca. 200 °C im Backofen backen.

750 g Kartoffeln
2 Pck. Soja Dream
Vollmeersalz
2 ML Johannisbrot-
  kernmehl

Spätzle ohne Ei

1. Wasser mit dem Salz zum Kochen bringen.
2. Mehl in eine Schüssel sieben und in die Mitte eine Mulde drücken. 160 ml Wasser mit Johan-nisbrotkernmehl gut verrühren in die Mulde gie-ßen. Salz darauf streuen.
3. Nun ½ Tasse Wasser hinzugeben und die Zu-taten von der Mitte aus zu einem glatten Teig ver-arbeiten. Den Teig mit einem Rührlöffel schla-gen, bis er Blasen wirft (er soll weich, jedoch nicht flüssig sein).
4. Den Teig portionsweise durch ein Spätzlesieb oder mit einem Spätzlehobel in das kochende Salzwasser drücken. Die Spätzle umrühren und einmal aufkochen lassen.
5. Die Spätzle sinken zuerst auf den Boden, wenn sie gar sind, schwimmen sie an der Oberfläche. Mit einem Schaumlöffel die Spätzle aus dem Wasser heben, abtropfen lassen.

3 l Wasser
3 TL Salz
400 g Mehl
160 ml Wasser +
  ½ Tasse Wasser
2 ML Johannisbrot-
  kernmehl
½ TL Salz

Vollkornnudeln mit Gemüsesauce

400 g Vollkornnudeln
(eifrei)
200 g Porree
200 g Karotten
200 g Sellerie
40 g Margarine (milchfrei)
Salz
Pfeffer
400 g Soja Creme
Kräuter

1. Die Nudeln in reichlich Wasser bissfest kochen.
2. Inzwischen das Gemüse waschen, putzen und in Stifte schneiden.
3. Gemüse kurz in der Margarine andünsten, würzen und mit Soja Creme ablöschen.
4. Die Nudeln abgießen und mit der Gemüsesauce vermischen.
5. Nach Bedarf mit frischen Kräutern abschmecken.

Vollkornspagetti in Tomatensauce

1 l Wasser
1 TL Salz
1 EL Öl
200 g Vollkornspaghetti
(eifrei)
2 EL Öl
1 kleine Stange Porree
500 g Tomaten
(frisch oder als Konserve)
Hefebrühe
Salz
Basilikum
Zucker

1. Wasser mit Salz und Öl zum Kochen bringen.
2. Spagetti hineingeben und etwa 8 – 10 Minuten kochen. Anschließend abgießen.
3. Den Porree in feine Ringe schneiden und in Öl andünsten.
4. Die gehäuteten Tomaten hinzufügen. Mit der Hefebrühe würzen und das Gemüse etwa 10 Minuten auf kleiner Flamme köcheln lassen.
5. Mit Salz, Basilikum und Zucker abschmecken.
6. Sauce mit den Spaghetti servieren.

Frische Tomaten können Sie ganz einfach häuten, wenn Sie sie kreuzweise einschneiden und eine kurze Zeit in heißes Wasser legen. Dann löst sich die Schale fast von selbst.

Makkaroni mit Walnusssauce

1. Makkaroni in reichlich Salzwasser bissfest kochen.
2. Zwei Drittel der Walnusskerne, Saft der Zitrone, geschälte Knoblauchzehen, 4 EL Öl und gehackte Kräuter im Mixer pürieren.
3. Makkaroni abtropfen lassen. In etwas Öl schwenken und zusammen mit der Sauce und den restlichen Walnusskernen servieren.

250 g Dinkelmakkaroni (eifrei)
60 g Walnusskerne
1 Zitrone
2 Knoblauchzehen
5 EL Olivenöl
50 g gemischte Kräuter (z.B. Basilikum, Oregano, Petersilie)
Salz
Muskatnuss, gerieben

Gebratene Nudeln mit Sojasprossen

1. Nudeln in reichlich kochendem Wasser garen. Abtropfen lassen und warm stellen.
2. Schnittlauch in 2 cm lange Stücke schneiden.
3. Sojasprossen in kaltem Wasser einweichen, dann gut abtropfen lassen.
4. Das Öl im Wok oder in einer großen, tiefen Pfanne erhitzen.
5. Knoblauch einrühren, dann die Chili zugeben. Nach etwa 1 Minute Sojasprossen hinzugeben und umrühren.
6. Nudeln darunter mischen und etwas salzen. Mit Schnittlauch garnieren und heiß servieren.

500 g mittelbreite Vollkornbandnudeln (eifrei)
1 Bund Schnittlauch
100 g Sojasprossen
3 EL Olivenöl
1 zerdrückte Knoblauchzehe
2 Chilischoten
Meersalz

Die meiste Schärfe der Chilis steckt in den Kernen und in den wattigen Innenhäuten. Diese sollte man deshalb vor dem Verarbeiten mit einem Messer sorgfältig herausstreifen und entfernen. Nach dem Verarbeiten sofort und gründlich die Hände waschen. Doch auch das genügt häufig nicht, um die Haut von den ätherischen Ölen zu befreien. Daher wird zu Vorsicht geraten. Kontaktlinsenträger sollten Chilis nie mit ungeschützten Händen verarbeiten.

100 g Kidneybohnen
Wasser zum Einweichen
300 ml Wasser
250 g Räuchertofu
2 große Tomaten
1 roter Paprika
2 mittelgroße Zwiebeln
3 Knoblauchzehen
1 EL Olivenöl
1 – 2 TL gekörnte
  Gemüsebrühe
  (milch- und eifrei)
½ TL Paprikapulver
½ TL Chilipulver

Fladenbrot oder
Brötchen dazu
servieren.

Chili mit Tofu

1. Die Bohnen gründlich waschen und in reichlich Wasser zwölf Stunden einweichen.

2. Wasser abgießen und Bohnen nochmals gut abspülen.

3. 300 ml Wasser zum Kochen bringen und die Bohnen darin etwa 45 – 60 Minuten kochen.

4. In der Zwischenzeit Räuchertofu in 2 cm große Stücke schneiden. Tomaten waschen, vom Stielansatz befreien und achteln. Paprika waschen, entkernen und in 2 cm große Würfel schneiden. Zwiebel und Knoblauch fein hacken.

5. Olivenöl in einem Topf erhitzen. Zwiebel darin anbraten und nach einigen Minuten Knoblauch, Paprika, Tofu und Tomaten zugeben.

6. Das Gemüse mit der Gemüsebrühe, dem Paprika- und Chilipulver abschmecken. 10 Minuten weich dünsten.

7. Zuletzt die abgespülten Bohnen unterrühren und 5 Minuten dünsten lassen. Nicht mehr kochen.

Kohlrouladen

1. Weißkohl von den unbrauchbaren äußeren Blättern befreien, rund um den Strunk einschneiden, in Salzwasser blanchieren. Die Blätter nach und nach ablösen, dicke Rippen flach schneiden.
2. Naturreis in der Pilzbrühe aufkochen und in etwa 30 Minuten garen.
3. Zwiebel fein hacken, in etwas Öl anbraten und dann zum fertigen Reis geben.
4. Mit gehackten Kräutern, Kräutersalz, Paprika und gemahlenem Kümmel würzen.
5. Die Kohlblätter leicht salzen, die Reisfüllung darauf verteilen, einrollen, eng aneinander in den Topf geben.
6. Gemüsebrühe mit dem Tomatenmark verrühren, zu den Kohlrouladen in den Topf gießen (etwa 1 cm hoch) und in 15 – 20 Minuten gar dünsten.

1 kleiner Kopf Weißkohl
300 g Naturreis
600 ml Pilzbrühe
1 Zwiebel
1 TL Öl
gehackte Kräuter
Kräutersalz
Rosenpaprika
Kümmel, gemahlen
¼ l Gemüsebrühe
(milch- und eifrei)
1 TL Tomatenmark

Als Füllung eignet
sich auch
gekochte Hirse
oder gekochter
Grünkernschrot.

200 g Zwiebeln
2 – 4 Knoblauchzehen
40 g Margarine (milchfrei)
300 g Linsen
1 – 2 EL Currypulver
¼ l Gemüsebrühe
Salz
1 Kokosnuss oder 100 g
  Kokosraspeln, getrocknet
200 g Karotten
200 g Zucchini
30 g Margarine (milchfrei)
1 EL Ahornsirup
50 – 100 g Soja Creme

Als ich das Rezept
das erste Mal getestet
habe, dachte ich noch
„na, wie wird das
wohl schmecken?"
Aber es schmeckt
überraschend gut. Vor
allem wenn Ihre
Kinder beim
Herauslösen des
Kokosnussfleisches
mithelfen dürfen,
werden sie von
diesem Gericht
begeistert sein.

Linsen-Kokos-Curry

1. Zwiebeln und Knoblauch schälen. Zwiebeln in feine Streifen schneiden. Knoblauch fein hacken. Beides in einem großen Topf in der Margarine glasig dünsten.

2. Linsen und Curry unterrühren, leicht anschwitzen. Mit Brühe auffüllen und zugedeckt 45 Minuten garen. Mit Salz abschmecken.

3. Inzwischen die Kokosnuss anbohren (mit Korkenzieher), die Milch abgießen. Bei 150 °C im Backofen erhitzen. Dann mit dem Küchenbeil aufbrechen und das Kokosnussfleisch auslösen. 100 g davon fein reiben. (Einfacher geht es natürlich, wenn man 100 g Kokosraspeln aus der Tüte nimmt – aber es soll ja ein Erlebnis sein!)

4. Karotten und Zucchini putzen, waschen, in Scheiben schneiden. In der Margarine zugedeckt 10 Minuten dünsten. Mit Salz und Ahornsirup würzen. Soja Creme unterziehen.

5. Gemüsemischung auf das angerichtete Curry schichten und Kokosflocken darüber streuen.

Kartoffel-Mais-Spieße

1. Die Maiskolben in Salzwasser etwa 10 Minuten köcheln, dann abtropfen lassen.
2. Kartoffeln schälen und in Stücke schneiden, anschließend 3 Minuten blanchieren.
3. Die Paprika halbieren, entkernen, in Stücke schneiden.
4. Gemüse abwechselnd auf 8 eingeölte Spieße stecken.
5. Öl, Knoblauch, fein gehackte Kräuter und die Gewürze zu einer Marinade verrühren, die Spieße damit einpinseln und grillen.

3 Maiskolben
Salz
300 g Kartoffeln
je 1 rote, gelbe und grüne Paprikaschote
7 EL Olivenöl
1 gepresste Knoblauchzehe
je 1 TL frischer Rosmarin, Thymian
Salz
Pfeffer

Testen Sie mal, wie gut diese und andere Gemüsesorten vom Grill schmecken. Sie werden mit Dips oder leichten Saucen serviert.

Currysauce

1. Seidentofu mit Öl kurz pürieren. Gewürze hinzugeben und noch einmal pürieren.
2. Ananas klein schneiden und zusammen mit dem Essig zum Tofu geben. Auf hoher Stufe pürieren.

400 g Seidentofu
140 ml Sonnenblumenöl
1 TL Salz
1 EL Curry
1 TL Curcuma
1 TL Koriander, gemahlen
3 Scheiben Ananas
1 EL Weißweinessig

Hirsepuffer (Schnell und lecker)

½ Karotte
½ Stange Porree
2 Tassen Wasser
1 Tasse Hirse
Salz
Öl zum Braten

1. Karotte und Lauch sehr fein schneiden.
2. Wasser zum Kochen bringen. Hirse waschen und in das kochende Wasser geben. Gemüse hinzufügen.
3. Mit etwas Salz würzen. Hirse 5 Minuten kochen und 20 Minuten ausquellen lassen.
4. Aus der abgekühlten Masse kleine flache Frikadellen formen und in Öl goldgelb braten.

Getreidebratlinge

200 g Getreide
    (Reis, Hirse, Grünkern
    oder Hafer)
400 ml Wasser zum
    Einweichen
1 Zwiebel
1 EL Wasser
400 ml Gemüsebrühe
1 – 2 EL Vollkornmehl
1 ML Johannisbrot-
    kernmehl
1 EL gehackte Petersilie
Salz
Pfeffer
Majoran
Öl zum Braten

1. Das Getreide in 400 ml Wasser über Nacht einweichen.
2. Zwiebel schälen, fein würfeln und in 1 EL Wasser dünsten. Das Getreide abgießen und zu den Zwiebeln geben.
3. Gemüsebrühe zum Getreide geben und etwa 30 Minuten garen bzw. so lange, bis das Getreide die Flüssigkeit aufgenommen hat.
4. Das Vollkornmehl, das Johannisbrotkernmehl und die Petersilie unter die Getreidemasse rühren, so dass eine feste Masse entsteht.
5. Die Masse mit den Gewürzen abschmecken und kleine Bratlinge formen bzw. mit 2 Esslöffeln kleine Bratlinge abstechen.
6. Die Bratlinge in etwas Öl in einer Pfanne von beiden Seiten goldgelb ausbacken.

Gefüllte Champignons

1. Die Champignons waschen, putzen und aushöhlen.
2. Die Zwiebel, den Knoblauch und das Innere der Champignons grob hacken und in Margarine andünsten.
3. Mit Weißwein ablöschen, wenn die Zwiebel glasig aussieht.
4. Soja Creme zufügen und nach Geschmack würzen.
5. Die Masse in die Champignons füllen und bei 200 °C etwa 30 Minuten im Backofen backen.

4 große Champignons
(etwa 250 g)
1 große Zwiebel
2 Knoblauchzehen
30 g Margarine (milchfrei)
4 EL Weißwein
150 g Soja Creme
Salz, Pfeffer
gehackte Kräuter

Wenn Kinder
mitessen anstelle
des Weins Wasser
verwenden.

Ein Restaurantbesuch

Hatte ich schon mal erwähnt, dass wir so gut wie nie essen gehen, weil mein Sohn außer Haus eigentlich nur Pommes mit gutem Gewissen essen kann?

Immer wieder hatten wir Versuche gestartet in Richtung: „Wir hätten gerne nur Kartoffeln, Gemüse und Fleisch – bitte keine Butter verwenden! Immer wieder meinte es der nette Koch gut und gab ein kleines Stück Butter über die Kartoffeln, oder etwas Sauce über das Fleisch oder der Teller war mit einer Salatbeilage in Sahnesauce garniert.

Also hieß Essengehen immer: „Sohn isst Pommes!"

Nun will man das ja nicht so hinnehmen und sucht nach Restaurants, die vielleicht Erfahrung mit Allergikern haben. Auch auf Fehmarn habe ich zwei solcher Restaurants gefunden. In einem waren wir auch schon einige Male. Man kannte uns und der Koch wusste genau: „Bei diesem Kind darf ich mir keine Fehler erlauben – der fällt mir hier tot um". Man muss dazu sagen, dass besagtes Restaurant sehr nobel und teuer ist, aber was tut man nicht alles, um mal „normal" essen zu gehen. Dieses Restaurant fertigt zur Mittagszeit das Diätessen für zwei große Kurkliniken für Allergiker an. Man weiß dort also schon sehr gut Bescheid und kennt Zutaten wie Sojamilch, Reismilch oder Soja Creme.

Es war mal wieder so weit. Wir hatten Besuch aus Hessen mit einem allergiekranken Kind. Man gönnt sich ja sonst nichts – also lasst uns essen gehen!

Ich rief vorher im Lokal an und teilte mit, dass wir mit zwei Allergiekindern kämen. Beide schwer allergisch gegen Milch und Ei in jeder Form. „Das ist doch für uns kein Problem Frau Schmitt – kommen Sie ruhig vorbei!" Die Kinder freuten sich sehr, denn Essengehen war ja echt selten. Mein Sohn wählte Nudeln mit Gemüse und Fleisch. Ich wies nochmals darauf hin, dass die Nudeln eifrei sein müssen.

Das Essen wurde serviert und die Kinder waren so richtig gierig. Da viel mir auf, dass ich noch nie Bandnudeln ohne Ei gesehen hatte. Und noch bevor die erste Nudel im Mund meines Sohnes verschwand, stoppte ich ihn. Ich bat die Kellnerin an den Tisch und fragte, ob denn diese Nudeln wirklich eifrei seien. Sie trabte freundlich ich die Küche, um noch mal nachzufragen. Der Koch wusste es nun plötzlich auch nicht mehr. In der Küche wurde nun die Nudelpackung gesucht, während beide Kinder vor einem vollen, aber fraglichen Teller saßen und Hunger schoben.

Dann endlich kam der Koch (Diätkoch) mit der Tüte und zeigte sie mir. Sei doch alles in Ordnung. Ich las die Zutatenliste – und was denken Sie, was da stand? Eier!

Ich hätte den Kerl erwürgen können. Natürlich fiel meinem Sohn fast das Kinn auf den Tisch. Wäre ich nicht so vorsichtig gewesen, hätte er im Krankenhaus gelegen. Das Angebot des Koches, doch etwas anderes zu essen, wollte keiner mehr annehmen.

Mein Sohn konnte in diesem Restaurant keinen Bissen mehr herunterbekommen, weil er Angst hatte, dass nun wieder was falsch laufen würde.

Der Koch entschuldigte sich und wollte dann mit mir diskutieren, wie man das Problem lösen könnte. Die Stimmung war mies, beide Kinder misstrauisch und wir wollten nur noch nach Hause. Außerdem wollte ich nicht vor den Kindern einen Vortrag halten über lebensbedrohliche Nahrungsmittelallergien und was hätte alles passieren können. Ich hatte ohnehin das Gefühl, der hält uns alle nur für hysterisch.

Was lernen wir daraus? Nichts!
Das andere Restaurant ist da wesentlich vorsichtiger. Da wird alles abgesprochen, da werden zusammen Zutatenlisten gelesen. Mit denselben Kindern war ich einige Tage später dort essen und es war wirklich schön. Die Köchin ist Diätköchin und hat jahrelang in einer Klinik für Allergiker gekocht. Sie kennt die Probleme und nimmt die Personen ernst. Da gehen wir bestimmt wieder hin.

Süßspeisen und Getränke

Vanillereis mit Mandeln

2 EL Margarine (milchfrei)
200 g Naturreis
(Rundkorn)
600 ml Wasser
1 Prise Salz
1 Vanilleschote
Sojamilchpulver für
400 ml Wasser
50 g gehobelte Mandeln
3 EL Honig
Zimt

1. Margarine in einem Topf erhitzen und den Reis darin kurz anschwitzen. Das Wasser und das Salz dazugeben und alles aufkochen lassen. Den Reis bei schwacher Hitze etwa 15 Minuten kochen lassen.
2. Die Herdplatte ausschalten. Die Vanilleschote der Länge nach Aufschneiden und das Vanillemark zum Reis geben. Das Milchpulver unter den Reis rühren und den Reis zugedeckt auf der ausgeschalteten Herdplatte etwas 20 Minuten quellen lassen.
3. In einer trockenen Pfanne die Mandelblättchen unter Wenden hellbraun rösten. Den Reis mit Honig und Zimt abschmecken.
4. Milchreis in Schälchen füllen und mit den Mandelblättchen verzieren.

Kirschgrütze

2 EL Sago
⅛ l Wasser
1 Tasse Sauerkirschen aus
dem Glas, abgetropft
1 Tasse Kirschsaft
2 – 3 EL Zucker
2 Gewürznelken

1. Sago ca. 15 Minuten im Wasser einweichen.
2. Kirschsaft mit Zucker und Gewürznelken aufkochen. Sago einrühren und 2 Minuten auf kleiner Flamme kochen.
3. Topf vom Herd nehmen, Nelken entfernen und die Kirschen unterrühren. Auf vier Glasschalen verteilen und kalt stellen.

Vanillepudding

1. Puddingpulver mit 6 EL Wasser und dem Zucker verrühren.
2. Das restliche Wasser zum Kochen bringen. Das angerührte Puddingpulver hinzugeben.
3. Den Pudding unter Rühren kurz zum Kochen bringen. Unter weiterem Rühren etwas abkühlen lassen und das Sojamilchpulver gründlich unterrühren.

1 Pck. Vanillepuddingpulver
½ l kaltes Wasser
2 EL Zucker
Sojamilchpulver für
½ l Wasser

Statt Wasser und Milchpulver können Sie auch frische Sojamilch erhitzen.

Die meisten Sorten Vanillepuddingpulver sind frei von Milcheiweiß. Bitte lesen Sie die Zutatenliste genau durch. Bei Schokoladepuddingpulver ist oft „Schokolade" deklariert und niemand weiß so genau, ob diese milcheiweißfrei ist.

Schokopudding mit Kokosmilch

1. Puddingpulver mit ca. 4 EL Kokosmilch und dem Zucker glatt rühren.
2. Die restliche Kokosmilch zum Kochen bringen, von der Kochstelle nehmen und das Puddingpulver einrühren. Wieder auf die Kochplatte stellen und kurz aufkochen lassen.
3. Zur Farbgebung den Kakao unterrühren. Pudding abkühlen lassen und dabei wiederholt umrühren, damit er keine Haut zieht.

1 Pck. Vanillepuddingpulver
500 ml Kokosmilch
2 EL Zucker
1 EL Kakao

Süßer Reis mit Früchten

1 l Wasser
4 TL Mandelmus
250 g Reismehl oder
  Reisflocken
1 EL Mandelmus
2 EL Ahornsirup
½ Honigmelone
2 Kiwis
2 EL Carobraspeln oder
  Raspeln von Zartbitter-
  schokolade

1. Das Wasser mit dem Mandelmus vermischen und die „Milch" in einem Topf aufkochen, von der Herdplatte nehmen und das Reismehl mit einem Quirl unterziehen. Nochmals kurz aufkochen lassen und zum Abkühlen beiseite stellen.
2. Mandelmus mit Ahornsirup verrühren, die klein geschnittene Honigmelone und die Kiwis hinzugeben, den Reis unterheben und gut mit Ahornsirup abschmecken.
3. Mit Carobraspeln oder Schokoladenstreuseln garnieren.

Wenn die Kiwis nicht vertragen werden, kann auch eine andere Obstart ausgewählt werden.

Apfel-Bananen-Dessert

400 g Seidentofu
300 g Apfelmus
2 große Bananen
1 Prise Salz
1 TL Zimt

1. Alle Zutaten im Mixer schaumig pürieren.
2. Je nach Geschmack kann man noch Mandelmus, Honig oder Agavendicksaft hinzugeben.
3. Die Creme in eine Glasschale füllen und im Kühlschrank bis kurz vor dem Verzehr kalt stellen.

Bananen-Kokos-Milch

1. Banane schälen und in Stücke teilen.
2. Kokosmilch dazugeben und mit dem Pürierstab mixen.

(für 1 Person)
1 reife Banane
¼ l Kokosmilch

Frisch servieren.

Hafer-Bananen-Trunk

1. Die Haferflocken in das Wasser geben und unter häufigem Umrühren aufkochen lassen, 5 Minuten kochen.
2. Haferwasser zusammen mit Mandelmus, Bananen und Zitronensaft mit dem Mixer verquirlen.
3. Mit etwas Zimt und Honig abschmecken.

4 EL feine Haferflocken
1 l Wasser
2 TL Mandelmus
2 reife Bananen
2 TL Zitronensaft
Zimt
Honig

Kiwidrink

1. Die Kiwi schälen und zerkleinern.
2. Kiwi mit dem Zimt und den Pfefferminzblättern pürieren.
3. Mit dem Apfelsaft und dem Birnensaft aufgießen, gut umrühren und sofort servieren.
4. Den Drink nach Geschmack mit Wasser oder (für Erwachsene) mit Sekt aufgießen.

(für 2 Personen)
1 Kiwi
1 MSP Zimt
5 – 8 Blätter Pfefferminze
  (frisch oder getrocknet)
100 ml Apfelsaft
50 ml Birnensaft
Mineralwasser oder Sekt

Osterhasen aus Schokolade

Wir haben alle Hersteller von Schokowaren angerufen und gefragt, ob man denn auch Osterhasen aus Zartbitterschokolade hätte, da in Bitterschokolade bekanntlich kein Milcheiweiß enthalten sein darf. Nicht eine einzige Firma hatte so etwas.

Die nächste Station waren die Konditoren, die Hasen selbst herstellen. Leider auch kein Erfolg, denn man hätte nicht gewährleisten können, dass in den Hasenformen absolut keine Reste von Milchschokolade mehr wäre.

Wie gerne hätte auch ich meinem Sohn mal einen Schoko-Osterhasen geschenkt. Er hatte sich ja gewünscht, dass er auch mal so etwas zu Ostern bekommt. Dann fiel ihm ein, dass er sich was anderes wünscht: „Mama, ich wünsche mir, dass der Osterhase macht, dass ich all das essen kann, was andere Kinder auch essen können!" Meine Antwort musste leider heißen: „Für Wunder ist der Osterhase nicht zuständig". Traurige Augen haben mich da angeschaut, so traurig hatte ich ihn schon lange nicht mehr gesehen.

Natürlich würde ich, wie jedes Jahr, versuchen, schöne Osternester mit kleinen Überraschungen zu machen. Ich würde Hasen und Lämmchen aus Teig backen, Osterhasen aus Holz und Eier aus Pappmaschee schenken und doch wäre es kein Ostern wie bei anderen Leuten oder einfach nur ein Ostern, wie ich es als Kind erlebt hatte. Ich, die ich Schokolade über alles liebe, grüne Sauce und Eiersalat mag. Wer weiß, was mich an Nikolaus wieder bewegt?

Tipp: Inzwischen gibt es Firmen, die Schokoladenformen aus Plastik herstellen, in denen man dann Osterhasen oder Nikoläuse selber gießen kann. Fragen Sie einfach mal bei Ihrem Konditor nach, ob der Ihnen eine „neue" Form verkauft oder eine besorgen kann. Solche Formen gibt es im Fachhandel für Bäcker und Konditoren.

So geht es:
▶ Milchfreie Schokolade (Kuvertüre), Zartbitter, im Wasserbad langsam erhitzen. Dann die eine Hälfte der aufklappbare Form ganz mit Schokolade füllen.
▶ Und nun wird es anstrengend: Die Form zusammenklappen und ständig in alle Richtungen drehen, bis die Schokolade sich gleichmäßig in der Form verteilt hat und trocken ist.
▶ Nie länger als fünf Minuten auf einer Seite liegen lassen! Nicht im Kühlschrank aushärten lassen – dann wird die Schokolade weiß und unansehnlich.

Kuchen und Gebäck

500 g Weizenvollkornmehl
1 Würfel Hefe
125 g Margarine
(milchfrei)
1 – 2 EL Sirup oder
Honig
1 Prise Meersalz
¼ l lauwarmes
Mineralwasser

Alle Zutaten, die für
den Hefeteig benötigt
werden, sollten Sie
lauwarm verarbeiten.

Grundrezept Hefeteig

1. Mehl in eine Schüssel geben, in die Mitte eine Mulde drücken, dort Hefe hineinbröseln und mit etwas lauwarmem Wasser auflösen. Hefe etwa 15 Minuten an einem warmen Ort gehen lassen.
2. Zerlassene Margarine, Sirup oder Honig und das Salz hinzufügen und alles miteinander vermischen. Nach und nach so viel Wasser zugeben, bis ein geschmeidiger, nicht klebender Hefeteig entsteht.
3. Teig nochmals 30 Minuten gehen lassen.

Dieser Teig eignet sich für:
Blechkuchen, Hefeteigzöpfe, Teigigel, Rosinenbrötchen, Marzipanhörnchen, Schweinchenköpfe, Weckmänner.
Und was fällt Ihnen dazu noch alles ein?

Apfelkuchen

1. Mehl auf eine Arbeitsfläche geben und eine Mulde formen.
2. Hefe zerbröckeln und mit etwas Zucker in die Mulde geben. 5 EL Mineralwasser hinzugeben.
3. Hefe mit etwas Mehl zu einem Vorteig verrühren. Mit einem Handtuch abdecken und 15 Minuten gehen lassen.
4. Zerlassene Margarine, Zucker und den Rest des Mineralwassers dazugeben. Alles gut kneten.
5. Den Teig zugedeckt noch einmal 30 Minuten gehen lassen.
6. Äpfel schälen, vom Kerngehäuse befreien und in Spalten schneiden.
7. Teig auf einem gefetteten Backblech ausrollen und mit den Äpfeln belegen.
8. Im Backofen 10 Minuten bei 180 °C (Umluft) backen, dann noch weitere 30 Minuten bei 160 °C zu Ende backen.

500 g Mehl
1 Würfel Hefe
80 g Zucker
¼ l lauwarmes
Mineralwasser
125 g Margarine
(milchfrei)
1 kg Äpfel

Der Teig kann auch mit Aprikosen oder einer anderen Obstart belegt werden. Wenn Sie Vollkornmehl verwenden, etwas mehr Wasser dazugeben.

Apfelpie

250 g Mehl
175 g Margarine
(milchfrei)
1 Prise Salz
6 EL Eiswasser
1 kg mürbe Äpfel
1 Zitrone (Saft und
Schale)
2 geh. EL Zucker
1 Päckchen Vanillezucker
je 1 MSP Zimt und
Ingwer
50 g Sultaninen
2 geh. TL Speisestärke
Aprikosenmarmelade
Puderzucker

Wichtig fürs Gelingen: Eiswasser verwenden.

1. Mehl, Margarine und Salz mit einer Gabel zu Streuseln verarbeiten. Eiswasser untermischen, nur kurz verkneten.
2. 1 größere und 1 kleinere runde Teigplatte auswellen. Gefettete Tortenform mit größerer Teigplatte auslegen, Teigboden mehrmals mit Gabel einstechen.
3. Äpfel schälen, entkernen und in Spalten schneiden. Apfelspalten mit Zitronensaft, Zucker, Vanillezucker, Zimt, Ingwer, Sultaninen und der Speisestärke mischen.
4. Teigboden mit der Füllung belegen und mit der kleineren Teigplatte belegen. Ränder fest andrücken.
5. Den Apfelpie bei 200 °C etwa 40 Minuten backen.
6. Noch heiß mit erhitzter Aprikosenmarmelade bepinseln, abgekühlt mit Puderzuckerglasur versehen.

Waffeln

200 g Margarine
(milchfrei)
500 g Mehl
50 g Zucker
1 Flasche Mineralwasser
mit Kohlensäure

1. Die Margarine schaumig rühren, nach und nach das Mehl, den Zucker und etwas Wasser hinzugeben.
2. So lange Wasser hinzugeben, bis der Teig dünnflüssig wird. Gut durchrühren.
3. Den Teig etwa 20 Minuten quellen lassen.
4. Danach Teig noch einmal gut durchrühren und im geölten Waffeleisen die Waffeln nicht zu braun werden lassen.

Wenn man 1 ML Johannisbrotkernmehl in den Teig gibt, werden die Waffeln schön knusprig

**Was aus diesem Waffelrezept
noch alles werden kann:**

Crêpes

Den dünnflüssigen Teig in einer Pfanne zu gro-
ßen, dünnen Crêpes ausbacken.
Nach Geschmack servieren beispielsweise mit
Obst oder Puderzucker.

Kaiserschmarrn

Den Teig etwas dickflüssiger lassen. Rosinen hinzugeben. Teig in einer Pfanne zu einem großen
Pfannkuchen auf einer Seite anbacken. Umdrehen und während des Backens in kleine Stücke
teilen.
Beispielsweise mit Apfelmus servieren.

Bei starken Allergikern ist es sinnvoll, für die betroffene Person ein
eigenes Waffeleisen anzuschaffen. Hierin wird nur milch- und
eifrei gebacken. Leider ist es nicht möglich, ein Waffeleisen
immer so sauber zu bekommen, dass es wirklich keine
Rückstände mehr vom letzten Waffelbacken enthält, bei dem
man vielleicht einen milch- und eihaltigen Teig genutzt hat.

Vollkornwaffeln

(4 Waffeln)
200 g Weizen, Dinkel,
  Buchweizen oder Mais
1 Prise Salz
1 TL Zimt
50 g Margarine (milchfrei)
2 EL Honig
ca. 250 ml Wasser

1. Das Getreide fein mahlen und mit dem Salz und dem Zimt mischen.
2. Margarine mit dem Honig, dem Vollkornmehl und dem Wasser zu einem dickflüssigen Teig verrühren und diesen zugedeckt etwa 30 – 60 Minuten quellen lassen.
3. Anschließend noch einmal gut durchrühren, das Waffeleisen vorheizen und nacheinander vier Waffeln backen.
4. Die Waffeln auf dem Kuchengitter auskühlen lassen oder warm verzehren.

Kindertörtchen

2 ML Johannisbrot-
  kernmehl
160 ml Wasser
15 g Mandelmus
125 ml Wasser
300 g Margarine
  (milchfrei)
275 g Zucker
1 Pck. Vanillezucker
500 g Mehl
1 Pck. Backpulver
Papierbackförmchen

1. Johannisbrotkernmehl mit 160 ml Wasser verrühren.
2. Für die Mandelmilch das Mandelmus mit dem Wasser vermischen.
3. Margarine geschmeidig rühren, nach und nach Zucker, Vanillezucker und angerührtes Johannisbrotkernmehl hinzugeben.
4. Mehl mit dem Backpulver mischen und abwechselnd mit 125 ml Mandelmilch (oder Wasser) unterrühren. Nur so viel Flüssigkeit verwenden, dass der Teig schwer reißend vom Löffel fällt.
5. Jeweils die Menge von etwa einem gehäuften Teelöffel in kleine Papierbackförmchen geben.
6. Törtchen bei 175 °C etwa 10 – 15 Minuten backen. Anschließend nach Belieben und Anlass dekorieren.

Halloweentorte

Eine Inspiration für den Tag des Grauens
(31. Oktober)

1. Unter die Hälfte des Teiges ein wenig Kakaopulver oder Carobpulver untermischen.
2. Restlichen Teig in eine mit Backpapier ausgelegte Springform geben (Durchmesser 26 – 28 cm)
und bei 175 °C etwa 20 Minuten backen.
3. Gebackenen Teig auf ein Kuchengitter stürzen
und auskühlen lassen.
4. Den dunklen Teig ebenso backen und abkühlen lassen.
5. Marmelade (je nach Geschmack) kurz erwärmen (nicht kochen!) und damit einen Boden bepinseln. Den zweiten Boden darauf legen.
6. Den Kuchen dünn mit warmer Marmelade
einpinseln und mit der Marzipandecke bedecken.
Überstehende Ränder abschneiden.
7. Marzipanreste mit Lebensmittelfarbe einfärben
und dann passende Formen (Fledermaus, Kürbis,
Mond) ausstechen oder ausschneiden. Die Dekoration auf die Torte legen und leicht andrücken.

*Teig für Kindertörtchen
(s. S. 112)
Und außerdem:
Marzipandecke
(Zutatenliste beim
Hersteller erfragen)
Marmelade nach
Geschmack und
Verträglichkeit
Lebensmittelfarben
(Zutatenliste beim Her-
steller erfragen), keine
Zuckerschrift verwenden
(enthält Milch)
Kakao- oder Carobpulver*

Gerade das Dekorie-
ren ist ein toller Spaß
für die Kinder. Sie
können einfärben und
formen. Nach dem
gleichen System
können Sie auch
andere Torten
zaubern. Vielleicht
eine Torte mit
Eisenbahnen oder
eine Weihnachtstorte?

(ergibt ca. 40 Kreppel)
500 g Mehl
50 g frische Hefe
100 g Zucker
1 ML Johannisbrot-
kernmehl
85 g Margarine (milchfrei)
1 ½ EL Öl
¼ l lauwarmes Wasser
Kokosfett zum Ausbacken
Puderzucker

Das Fett ist heiß
genug, wenn an
einem Holzlöffel
kleine Bläschen
aufsteigen.

Kreppel (typisch hessisch!)

1. Mehl in Schüssel geben und eine Mulde formen. Hefe, etwas Zucker und etwa 5 EL warmes Wasser hinzugeben, mit etwas Mehl anrühren. Den Vorteig etwa 15 Minuten gehen lassen.

2. Johannisbrotkernmehl im restlichen Wasser anrühren. Margarine vorsichtig erwärmen, bis sie flüssig ist (nicht kochen).

3. Alle Zutaten zum Mehl in die Schüssel geben und den Teig gut durchkneten. Falls der Teig zu klebrig ist, noch etwas Mehl hinzugeben. Den Teig etwa 30 Minuten gehen lassen.

4. Aus dem Teig kleine, etwa 20 g schwere Bällchen formen. Diese Bällchen auf einer bemehlten Unterlage nochmals 1 – 1 ½ Stunden gehen lassen. Zwischen den Bällchen genügend Abstand halten, da sie doppelt so groß werden.

5. Kokosfett in einem kleinen Topf erhitzen. Das Fett sollte etwa 5 cm hoch im Topf stehen.

6. Die Kreppel im heißen Fett frittieren. Nach etwa 1 Minute (oder einfach, wenn sie braun sind) wenden und andere Seite ausbacken.

7. Nach dem Frittieren auf Küchenpapier geben, damit Fett abgezogen werden kann. Noch warm mit Puderzucker bestäuben oder in dem Zucker wälzen.

Krümeltorte

1. Mehl in eine Schüssel geben, mit dem Backpulver vermischen. Ahornsirup, Margarine und Vanille hinzufügen und alle Zutaten zu Streuseln verarbeiten.
2. Die Hälfte der Streusel auf den Boden einer gefetteten Springform drücken.
3. Die Äpfel schälen, vom Kerngehäuse befreien und grob raspeln. Den Teigboden mit den Äpfeln bestreuen.
4. Nun die restlichen Streusel darüber verteilen. Den Kuchen etwa 40 Minuten bei 200 °C backen.

500 g Dinkelmehl
½ Pck. Backpulver
120 g Ahornsirup
200 g Margarine
(milchfrei)
2 MSP Vanillepulver
1 kg Äpfel

Mandel-Pfirsich-Torte

1. Kekse zerbröseln, mit Margarine und Zimt vermengen, evtl. etwas Wasser dazugeben. Eine Springform einfetten, mit Mehl ausstreuen. Bröselmasse einfüllen und andrücken. Rand ein wenig hochdrücken.
2. Bei 175 °C 20 – 30 Minuten backen, Kuchen gut auskühlen lassen.
3. Pfirsichhälften gut abtropfen lassen, Saft aufbewahren. Ganze Pfirsichhälften auf dem Boden verteilen.
4. Tortenguss nach Anweisung anrühren (etwas Pfirsichsaft mitverwenden) und über den Pfirsichen gleichmäßig verteilen.
5. Den Obstboden mit den Mandelblättchen bestreuen.

etwa 20 milch- und eifreie
Kekse
1 EL Margarine (milchfrei)
1 Prise Zimt
etwas Fett und Mehl für
die Form
1 großes Glas Pfirsiche
1 Pck. Tortenguss, klar
1 EL Roh-Rohrzucker
1 EL Mandelblättchen

200 g Mehl
25 g gehackte
  Sonnenblumenkerne
100 g Marzipanrohmasse
200 g Margarine
  (milchfrei)
50 g Zucker
2 – 3 Tropfen
  Bittermandelöl
1 kl. Glas Konfitüre nach
  Geschmack

Marzipankuchen

1. Mehl und Sonnenblumenkerne in einer Schüssel mischen.

2. Marzipanrohmasse in kleine Stücke schneiden und mit Margarine und dem Mehl vermischen. Gut verrühren. Zucker und Bittermandelöl zugeben, nochmals gut durchmischen.

3. Den Teig mit angefeuchteten Händen zu einem glatten Knetteig verarbeiten, dann in Klarsichtfolie oder in einer geschlossenen Schüssel etwa 30 Minuten in den Kühlschrank legen.

4. Zwei Drittel des Teiges in eine gefettete Springform geben, die Ränder dabei hochdrücken. Die Konfitüre gleichmäßig auf dem Teig verteilen.

5. Den restlichen Teig zwischen zwei Streifen Klarsichtfolie ausrollen. Dann Formen ausstechen (z. B. Herzen, Sterne). Diese Formen auf der Konfitüre gleichmäßig verteilen. Vor dem Backen den Kuchen mit Wasser bestreichen.

6. Den Kuchen bei 200 °C etwa 30 Minuten auf mittlerer Schiene backen. 10 Minuten vor Ende der Backzeit Kuchen mit Backpapier oder Alufolie abdecken, damit er nicht zu dunkel wird.

Karottenkuchen

1. Die Karotten fein raspeln. Mit den gemahlenen Nüssen oder Mandeln, den Vollkornbröseln und dem Backpulver mischen.

2. Honig, Mineralwasser und Zimt dazugeben. Alles gut verrühren und in eine gefettete Kuchenform geben.

3. Karottenkuchen bei 200 °C etwa 45 Minuten backen. Etwas abkühlen lassen und anschließend aus der Form nehmen.

4. Für den Guss Honig, Wasser, Kakao oder Carob und Johannisbrotkernmehl unter Rühren vorsichtig erhitzen.

5. Die Masse über den Kuchen verteilen und erkalten lassen.

Für den Teig:
350 g Karotten
350 g gemahlene Haselnüsse oder Mandeln
100 g Vollkornbrösel
(aus Dinkelzwieback)
2 TL Backpulver
150 g Honig
350 ml Mineralwasser
Zimt
Fett für die Form

Für den Guss:
80 g Honig
80 g Wasser
2 EL Kakao oder Carob
2 g Johannisbrotkernmehl

Tortenguss mit Honig wird nicht ganz fest, passt aber gut zum Aroma des Karottenkuchens.

Für den Boden:
Hefeteig Grundrezept
(s. Seite 108)

Für den Belag:
300 g Mohn,
  frisch gemahlen
400 g Wasser
200 g Hirse
100 g Rosinen
150 g Honig
1 EL Zimt
½ TL Vanillepulver

Für die Streusel:
125 g Weizenvollkornmehl
75 g Weizenkeime
100 g Margarine
  (milchfrei)
50 g Honig
½ TL Meersalz
Zimt
Vanillepulver

Mohn-Streusel-Kuchen

1. Hefeteig zubereiten (s. S. 108).
2. Den gemahlenen Mohn im Wasser aufkochen. Anschließend die Hirse und die Rosinen hinzugeben und auf kleiner Flamme bedeckt so lange kochen lassen, bis die Hirse gar ist (ungemahlenen Mohn mindestens 1 Stunde vorkochen).
3. Topf vom Herd nehmen und die Mohnmasse mit Honig und den Gewürzen abschmecken.
4. Hefeteig auf einem gefetteten Backblech ausrollen und mit dem Mohnbelag bestreichen.
5. Für die Streusel Mehl und Weizenkeime in eine Schüssel geben, Margarine in kleine Stücke schneiden und darauf verteilen. Honig, Salz, etwas Zimt und Vanille dazugeben und alles gut zu kleinen Streuseln verkneten. Ist der Teig zu feucht, mit Mehl ausgleichen.
6. Streusel gleichmäßig verteilen und den Kuchen bei 220 °C etwa 40 Minuten backen.

Schweineöhrchen

1. Die Blätterteigscheiben nebeneinander bei Zimmertemperatur auftauen lassen. Den Teig zu einer rechteckigen Platte (50 × 20 cm) ausrollen.

2. Margarine zerlassen, abkühlen lassen und den Teig damit bestreichen. Zucker mit Vanillezucker mischen und den Teig gleichmäßig damit bestreuen.

3. Die Teigplatte von der Längsseite an beiden Seiten zur Mitte hin zweimal einschlagen. Die beiden Teighälften sollen dabei nicht aneinander stoßen.

4. Den Teig etwa 30 Minuten im Kühlschrank kalt stellen, bis er schnittfest geworden ist.

5. Mit einem scharfen Messer ½ cm dicke Scheiben abschneiden. Die Schweineöhrchen nach Belieben mit der oberen Seite in etwas Zucker drücken, sie auf ein mit Backpapier ausgelegtes Backblech legen. Bei 200 °C 15 – 20 Minuten backen.

1 Pck. tiefgekühlter
Blätterteig (milchfrei)
25 g Margarine (milchfrei)
50 g Zucker
1 Pck. Vanillezucker

Schweineöhrchen gehen schnell und sind gerade bei Kindern sehr beliebt.

Torteletts – glutenfrei

200 g Margarine
  (milchfrei)
150 g Zucker
1 Pck. Vanillezucker
30 ml Wasser
1 TL Johannisbrotkernmehl
350 g glutenfreie
  Mehlmischung
1 Prise Salz
½ Pck. Backpulver
Fett und gemahlene Man-
  deln für die Förmchen

1. Margarine, Zucker, Vanillezucker und das mit Wasser angerührte Johannisbrotkernmehl vermischen. Mehl mit Salz und Backpulver vermengen und portionsweise unterarbeiten. Alles zu einem glatten Teig verkneten.
2. Den Teig in Folie packen und im Kühlschrank mindestens eine halbe Stunde ruhen lassen.
3. Die Tortelettförmchen einfetten und mit gemahlenen Mandeln ausstreuen. Den Teig in kleinen Portionen in die Förmchen drücken. Den Teigboden mit einer Gabel einstechen.
4. Die Förmchen auf ein Backblech stellen und in den auf 180 °C (Umluft) vorgeheizten Backofen stellen und etwa 30 Minuten backen.
5. Die Torteletts vorsichtig aus den Förmchen auf ein Auskühlgitter stürzen – Achtung, die Torteletts brechen leicht, solange sie noch warm sind.

Knabberstangen

250 g Hirse, gemahlen
250 g Dinkel, gemahlen
300 ml lauwarmes Wasser
2 TL Vollmeersalz
5 EL Sauerteig

1. Mehl in einer Schüssel vermischen. Wasser, Salz und Sauerteig dazugeben und alles zu einem Teig verkneten. Den Teig etwa eine Stunde gehen lassen.
2. Teig erneut durchkneten und kleine Stücke abschneiden.
3. Aus dem Teig fingerdicke Rollen formen, etwas platt drücken. Stangen auf ein gefettetes Backblech legen und bei 180 °C etwa 30 Minuten backen.

Die Stangen können vor dem Backen beliebig bestreut werden (z. B. Sesam, Sonnenblumenkerne, Salz). Dazu die Stangen vorher etwas mit lauwarmem Wasser einpinseln.

Steyrischer Apfelkuchen

1. Das Mehl mit dem Backpulver, der Margarine, dem Zucker, dem Salz und der Sojamilch verkneten. Zugedeckt eine Stunde im Kühlschrank ruhen lassen.

2. Die Äpfel schälen, grob raspeln und mit dem Zitronensaft, dem Zucker, dem Zimt, den Rosinen und den Nüssen (oder Mandeln, Kokosflocken) mischen.

3. Den Backofen auf 180 – 200 °C vorheizen.

4. Den Teig ausrollen, Boden und Rand des Backblechs mit etwa zwei Drittel des Teiges auslegen. Apfelmischung darauf streichen. Vom restlichen Teig Streifen schneiden und diese als Gitter über den Kuchen legen.

5. Den Kuchen auf der mittleren Schiene etwa 30 Minuten backen. Mit einem Pinsel die erhitzte Marmelade auf das Teiggitter streichen.

6. Den Puderzucker mit Zitronensaft verrühren und das Gitter glasieren.

600 g Mehl
1 Pck. Backpulver
200 g Margarine
(milchfrei)
50 g Zucker
½ TL Salz
¼ l Sojamilch oder Wasser
1 ½ kg Äpfel
4 EL Zitronensaft
125 g Zucker
1 TL gemahlener Zimt
100 g Rosinen
100 g gehackte Nüsse oder
Mandeln
200 g Aprikosenmarmelade
100 g Puderzucker
2 EL Zitronensaft

Mit Kokosflocken wird der Kuchen sehr saftig, mit Nüssen oder Mandeln etwas trockener. Der Kuchen kann, ohne die Glasur, sehr gut in Stücken eingefroren werden, so dass man immer etwas parat hat.

Unterwegs mit einem allergiekranken Kind

Irgendwann erwischt es uns alle. Irgendwann wirkt die Fernsehwerbung und das Kind will nach Euro Disney Paris. So auch bei uns. Jan war damals gerade sechs Jahre alt.

Nur wie sollte man das organisieren? Die Fahrt nach Paris, eine Nacht im Hotel, zwei ganze Tage im Themenpark und das mit einem Kind, das weder Milch noch Ei essen darf?

Also Anruf bei Euro Disney. Alles kein Problem, so sagt man zu mir. Ich soll im Hotel einfach sagen, dass das Kind eine Allergie hat, dann dürfte ich sein Essen mit in den Speisesaal bringen. In den Themenpark dürfen keine Speisen mitgebracht werden.

Wir haben es also gewagt. Wir hatten alles, wirklich alles dabei. Vom Brot über Margarine bis zu Wurst und Getränken. Eine große Kühltasche im Kofferraum war unser größter Schatz.

Bei der Anmeldung im Hotel stellten wir sehr schnell fest, dass man nur Englisch und Französisch sprach, Sprachen, die wir glücklicherweise auch einmal gelernt haben. Wie gut, dass ich mir vorher Worte wie „Allergie", „Schock" und „lebensbedrohlich" in beiden Sprachen herausgesucht hatte. Zuerst teilte man mir mit, dass es kein spezielles Essen gäbe und eigentlich auch keiner wüsste, was beim Frühstücksbuffet so alles serviert würde. Auch hier wieder der Hinweis, dass in den Park nichts mitgenommen werden darf.

Wir haben also einen Rucksack gepackt mit Essen und Getränken für unser Kind. Auf zum Eingang des Parks. Doch da „Taschenkontrolle" – man spricht wieder nur Englisch und Französisch. Nun sollte ich erklären, weshalb wir denn nun alles mitnehmen dürften. Vorgewarnt, hatte ich mir zu Hause schon einen Zettel geschrieben, auf dem in Englisch und Französisch stand: „Dieses Kind hat eine lebensbedrohliche Milch- und Ei-Allergie, es darf nichts anderes essen, als das, was wir mit haben. Im Park könnte er nichts essen". Ungläubige Blicke, dann noch einige Erläuterungen von mir und wir durften mit dem Essen in den Park. So ging das auch am zweiten Tag. Kurzes Verhör, ungläubige Blicke, aber – unser Kind musste nicht verhungern.

Beim Frühstück im Disney Hotel hielt man mich schon an der Tür vor dem Frühstücksraum auf, weil ich Brötchen in der Hand hatte und gedachte, diese mit an den Tisch zu nehmen – meine eigenen Brötchen. Auch hier wieder fremdsprachige Erklärungen. Man wollte mir zwar Tipps geben, welche Sachen vielleicht doch ohne Milch und ohne Ei wären, so genau wusste es aber keiner.

Fazit: Solche Reisen, auch Kurzreisen, sollten gut vorbereitet und geplant werden. Bedenken Sie Sprachprobleme und alle möglichen Eventualitäten. Noch einen weiteren Tag hätten wir das Kind nicht mit Brot und Pommes abfüttern können.

Kreuzallergien möglich

In der Vorweihnachtszeit gibt es zahlreiche Leckereien, auf die man sich freuen kann, vom Dominostein bis zu den Anisplätzchen oder leckeren Gerichten mit Nelken und Zimt. Genau diese Zutaten können für Allergiker jedoch problematisch werden, womit hier aber nicht nur Nahrungsmittelallergiker angesprochen sind.

Personen, die auf bestimmte Pollen allergisch sind, können eine Kreuzallergie gegen bestimmte Nahrungsmittel entwickeln. Das heißt, sie vertragen plötzlich auch Nahrungsmittel, die botanisch mit diesen Blütenpollen verwandt sind, nicht mehr.

Hier einige Beispiele, die für die Weihnachtszeit relevant sind:

Pollen	Nahrungsmittel
Birke, Hasel, Erle	Stein- und Kernobst (z. B. Apfel, Aprikose, Pfirsich) Haselnuss, Walnuss, Curry, Anis,
Gräser / Getreide	Getreide und Getreidemehle Hülsenfrüchte, Erdnüsse, Soja
Kräuter (z. B. Beifuß)	Gewürze (Curry, Kümmel, Anis, Muskat, Ingwer, Zimt)

So ist es durchaus möglich, dass eine Person, die eigentlich nur auf Birkenpollen allergisch ist, mit Heuschnupfen und Augenjucken auf Anisplätzchen reagiert.

Bitte beachten Sie, dass gerade in Weihnachtsgebäck wie Lebkuchen und Keksen, aber auch in Heißgetränken wie Punsch oder Glühwein zahlreiche Gewürze enthalten sind.

Weihnachtsbäckerei

1-2-3-Kekse

1. Alle Zutaten rasch zu einem Teig verkneten.
2. Teig abgedeckt im Kühlschrank etwa 1 Stunde ruhen lassen.
3. Den Teig auf einer bemehlten Arbeitsfläche ausrollen und mit Weihnachtsausstechern Kekse ausstechen. Dazu die Formen immer wieder in Mehl tauchen.
4. Kekse bei 175 °C etwa 20 Minuten backen.

100 g Zucker
200 g Margarine
(milchfrei)
300 g Mehl

Plätzchenteig sollten Sie immer möglichst gleichmäßig dick ausrollen. Sonst werden die Plätzchen unterschiedlich braun.

Haferflockensterne

1. Hafer grob schroten, mit 2 EL Honig in der Pfanne kurz rösten. Etwas abkühlen lassen.
2. 180 g Honig mit dem Öl schaumig rühren, dann Zimt und abgeriebene Zitronenschale sowie Saft der Zitrone einrühren.
3. Mehl mit Backpulver mischen und dazugeben, alles gut verkneten.
4. Den Teig nicht zu dünn ausrollen und Sterne ausstechen. Im vorgeheizten Backofen bei etwa 180 °C goldbraun backen.

250 g Hafer
2 EL Honig
180 g Honig
100 g Öl
Zimt
1 Zitrone (Saft und abgeriebene Schale)
140 g Mehl
½ Pck. Backpulver

150 g weiche Margarine
(milchfrei)
100 g Puderzucker
1 Pck. Vanillezucker
1 Prise Salz
abgeriebene Schale einer
*   Zitrone*
10 Tropfen Backöl
*   Buttervanille*
250 g Mehl
300 g Himbeermarmelade
150 g Puderzucker
Pistazienkerne

Wenn nur
Erwachsene von den
Plätzchen essen,
können Sie die
Puderzuckerglasur
auch mit
4 EL Kokoslikör
anrühren.

„Butter"glocken

1. Margarine mit dem Handrührgerät schaumig schlagen. Puderzucker, Vanillezucker, Salz, Zitronenschale, Backöl und Mehl dazugeben. Mit dem Knethaken zu einem glatten Teig verkneten. Teig abgedeckt 1 – 2 Stunden kalt stellen.

2. Den Teig auf leicht bemehlter Arbeitsfläche oder zwischen zwei Lagen bemehlter Folie etwa 2 mm dick ausrollen.

3. Mit einer Plätzchenform Glocken (etwa 5 cm groß) ausstechen und auf ein mit Backpapier belegtes Backblech legen. Im vorgeheizten Backofen bei 180 °C auf mittlerer Schiene 8 – 10 Minuten backen.

4. Plätzchen herausnehmen, auf dem Backblech kurz abkühlen lassen. Anschließend auf einem Kuchengitter auskühlen lassen.

5. Himbeermarmelade 1 – 2 Minuten erhitzen. Glocken damit bepinseln und jeweils zwei Glocken aufeinander setzen. Über Nacht trocknen lassen.

6. Puderzucker mit etwas Wasser glatt rühren und die Glocken damit bestreichen. Nach Wunsch mit halbierten Pistazien verzieren.

Englische Flapjacks

1. Margarine, den Zucker und den Sirup unter Rühren in einem Topf erwärmen, jedoch nicht kochen lassen.
2. Topf vom Herd nehmen und die übrigen Zutaten einrühren. Den Teig mindestens 15 Minuten erkalten lassen.
3. Mit zwei Teelöffeln kleine Plätzchen abstechen und auf ein mit Backpapier ausgelegtes Backblech setzen. Zwischen den Plätzchen genügend Abstand lassen, da die Flapjacks etwas auseinander laufen.
4. Die Plätzchen im 180 °C vorgeheizten Backofen 8 – 10 Minuten backen. Erst nach dem Abkühlen vom Papier nehmen, da sie sonst leicht auseinander brechen.
5. Die Flapjacks im Kühlschrank aufbewahren.

200 g Margarine
(milchfrei)
150 g Vollrohrzucker
150 g Zuckerrübensirup
4 EL Weizenvollkornmehl
250 g feine Haferflocken
1 Prise Salz

Marzipankugeln

1. Die Mandeln in der Küchenmaschine sehr fein mahlen.
2. Den Honig und das Rosenwasser hinzufügen und alles gut verrühren. Dabei die Küchenmaschine so lange laufen lassen, bis sich ein Kloß gebildet hat. Eventuell noch mit dem Löffel durcharbeiten.
3. Marzipan im Kühlschrank etwas kalt stellen und anschließend kleine Kugeln daraus formen.

200 g abgezogene Mandeln
4 – 5 bittere Mandeln
2 EL milder Honig
(Klee, Linde)
2 EL Rosenwasser

Werden die Mandeln mit der Schale vermahlen und zu Marzipan verarbeitet, erhalten Sie braunes Marzipan.
Die Kugeln können dann noch zusätzlich in gemahlenen Mandeln gewälzt werden.
Rosenwasser ist in der Apotheke erhältlich.

Für die Würfel:
*250 g Honig oder
    Ahornsirup
70 g Vollrohrzucker
60 g Margarine (milchfrei)
1 ML Johannisbrot-
    kernmehl
80 ml Wasser
2 EL Kakaopulver
1 TL Zimt
1 MSP Nelken, gemahlen
1 MSP Kardamom,
    gemahlen
3 TL Backpulver
300 g Dinkelvollkornmehl*

Für die Füllung:
*200 g Johannisbeergelee
150 g Honigmarzipan*

Für den Guss:
*450 g gesiebter
    Puderzucker
2 EL Kakaopulver
2 EL Getreidekaffeepulver
6 EL Soja-, Reis- oder
    Haferdrink
40 g zerlassenes Kokosfett
evtl. Nüsse zum Verzieren*

Ein Ersatz für Nüsse
können in der Pfanne
geröstete Haferflocken
oder Mandeln sein.

Dominowürfel

1. Honig zusammen mit dem Zucker und der Margarine auf dem Herd langsam zergehen lassen, dann kalt stellen.

2. Johannisbrotkernmehl mit dem Wasser schaumig aufschlagen und unter die lauwarme Masse mischen. Kakaopulver, Gewürze und das mit dem Backpulver vermischte Mehl darunter rühren.

3. Teig etwa 1,5 cm dick auf ein gefettetes Backblech streichen und im vorgeheizten Backofen bei 200 °C etwa 20 Minuten backen. Das Gebäck abkühlen lassen.

4. Honigmarzipan zwischen zwei Pergamentpapierbögen dünn ausrollen, in Würfelgröße zurechtschneiden.

5. Das erkaltete Gebäck in etwa 3 cm große Quadrate schneiden und diese quer durchschneiden. Diese Hälften wieder zusammensetzen, dabei jeweils das untere Teigstück mit Johannisbeergelee bestreichen und mit dem Honigmarzipan belegen.

6. Die Würfel umdrehen, so dass die untere Seite der Würfel nach oben kommt. Die obere Fläche der Würfel und Seiten ebenfalls dünn mit Gelee bestreichen.

7. Für den Guss den gesiebten Puderzucker dritteln. Das erste Drittel mit dem Kakaopulver, das zweite Drittel mit dem Getreidekaffeepulver mischen und den restlichen Puderzucker pur lassen. Danach mit heißer Soja- oder Reismilch und dann mit zerlassenem Kokosfett verrühren.

8. Würfel mit Schokoladenguss, mit dem Kaffeeguss oder mit dem einfachen Zuckerguss überziehen. Eventuell mit Nüssen verzieren und trocknen lassen.

Gerstekipferl

1. Weiche Margarine und Zucker schaumig rühren, der Zucker sollte vollständig untergemischt sein.
2. Mandeln, Weizen- und Gerstenmehl, Salz und Vanille mischen und dazugeben, alles zu einem glatten Teig verarbeiten. Dazu den Teig kurz mit den Händen durchkneten.
3. Aus dem Teig zwei Rollen (etwa 1 cm Durchmesser) formen, in Folie wickeln und etwa eine Stunde im Kühlschrank kalt stellen.
4. Rollen zunächst in etwa 1 ½ cm dicke Scheiben schneiden, dann die Scheiben zu Hörnchen formen.
5. Hörnchen auf ein gut gefettetes Backblech legen. Im vorgeheizten Backofen bei 180 °C etwa 20 – 25 Minuten backen. Noch heiß im Vanillezucker wälzen.

200 g weiche Margarine (milchfrei)
75 g Roh-Rohrzucker
100 g gemahlene Mandeln
150 g Weizenvollkornmehl
100 g Gerste, fein gemahlen
1 Prise Salz
1 TL Vanillepulver
Fett für das Blech
Vanillezucker zum Bestreuen

Maiskekse

1. Den Mais bei 80 °C etwa eine Stunde im Backofen rösten, abkühlen und fein mahlen.
2. Aus allen Zutaten einen Teig kneten, daraus zwei dicke Rollen formen.
3. Die Rollen in etwa ½ cm dicke Scheiben schneiden, auf ein gefettetes und bemehltes Backblech setzen und 15 Minuten bei 150 °C backen.

800 g Mais
200 g Margarine (milchfrei)
250 g Birnendicksaft
1 TL Backpulver
Vollmeersalz

Statt Maiskörner können Sie auch Maisgrieß verwenden.

Kokostaler

50 g Margarine (milchfrei)
70 g Honig oder
* Ahornsirup*
100 g Buchweizen
100 g Kokosraspeln
50 g gemahlene
* Sonnenblumenkerne*
1 ML Johannisbrot-
* kernmehl*
80 ml Wasser
1 TL Ingwer, frisch gerieben
Kardamom, gemahlen
Muskatblüte (Macis),
* gemahlen*
dunkle Kuvertüre
* (milchfrei)*

1. Die Margarine mit 50 g Honig oder Ahornsirup erhitzen.
2. Den Buchweizen darin kurz anrösten und die Kokosraspeln sowie die gemahlenen Sonnenblumenkerne zugeben.
3. Johannisbrotkernmehl und Wasser gut verrühren und unter die Masse ziehen.
4. Mit Ingwer, Kardamom und Muskatblüte würzen und den Teig gut vermischen.
5. Aus dem Teig kleine Taler formen und auf ein gefettetes Backblech legen. Taler mit etwas Honig oder Ahornsirup bestreichen und bei 200 °C etwa 15 Minuten backen.
6. Die abgekühlten Taler anschließend eventuell mit dunkler Kuvertüre verzieren.

Gewürztaler

125 g Honig
5 g Hirschhornsalz
200 g Zucker
150 g Margarine
* (milchfrei)*
50 g geriebene Mandeln
50 g Orangeat, fein gehackt
200 g feine Haferflocken
250 g Mehl
15 g Lebkuchengewürz
Fett für das Blech
Nüsse oder Mandeln zum
* Verzieren*

1. Honig etwas erwärmen, falls er sehr fest ist. Hirschhornsalz in wenig Wasser auflösen.
2. Alle Zutaten miteinander verkneten. Den gut durchgearbeiteten Teig auf einer bemehlten Arbeitsplatte etwa ½ cm dick ausrollen und Taler oder andere Formen ausstechen.
3. Taler auf ein gefettetes Backblech geben, mit Wasser bestreichen und mit gehackten oder ganzen Nüssen oder Mandeln verzieren.
4. Gewürztaler bei 190 °C etwa 10 Minuten backen.

Stark gewürztes Gebäck benötigt mindestens eine Woche Lagerung, bis sich das volle Aroma entwickelt hat.

Mandellebkuchen

1. 250 g ungeschälte Mandeln fein reiben.
2. 100 g Mandeln mit heißem Wasser überbrühen, abschütten und mit kaltem Wasser übergießen. Mandeln schälen, die Hälfte klein hacken, die übrigen zur Seite legen.
3. Den Honig und das Wasser mit dem Johannisbrotkernmehl schaumig rühren, die gemahlenen und die gehackten Mandeln unterrühren.
4. Das Zitronat und das Orangeat klein würfeln und mit dem Rum (oder Rumaroma) sowie den Gewürzen unter die Nussmasse rühren.
5. Das Mehl mit dem Backpulver mischen und dazugeben, den Teig gut kneten und dann zwei Stunden zugedeckt im Kühlschrank ruhen lassen.
6. Backofen auf 170 °C vorheizen. Den festen Teig auf die Oblaten streichen und mit den ganzen, abgezogenen Mandeln belegen.
7. Die Lebkuchen 15 – 20 Minuten auf der oberen Schiene im Backofen backen lassen.

350 g Mandeln
250 g flüssiger Honig
160 ml Wasser
1 ½ ML Johannisbrot-
  kernmehl
75 g Orangeat
75 g Zitronat
2 EL Rum oder Rumaroma
1 TL Zimt
1 MSP Piment, gemahlen
1 MSP Nelken, gemahlen
1 MSP Kardamom,
  gemahlen
1 MSP Muskatnuss,
  gerieben
250 g Weizen oder Dinkel,
  fein gemahlen
2 geh. TL Backpulver
runde Lebkuchenoblaten

Lebkuchen halten in einer fest verschließbaren Blechdose länger frisch. Legen Sie einige Orangen- oder Apfelschnitze dazu.

Weihnachtszeit – Frust einer Mutter

Erinnern Sie sich noch, Adventszeit, Nikolaus, Weihnachten, die Zeit der Genüsse: Lebkuchen, Dominosteine, Stollen, Schokoladennikolaus und nicht zu vergessen – Adventskalender?

Nun stellen Sie sich mal vor, Sie dürften keine Milch und kein Ei essen; aber das müssen Sie ja wahrscheinlich nicht, denn wenn Sie dieses Buch lesen, sind Sie selber Allergiker oder haben einen allergischen Angehörigen.

Ich habe immer versucht, meinem Sohn, trotz seiner Allergien, ein möglichst normales Leben zu schaffen. Aber immer in der Weihnachtszeit stoße ich da an gewisse Grenzen.

Gut erinnern kann ich mich an einen Einkauf in einem großen Lebensmittelgroßhandel. Dort stehen nicht nur einige Schokoladen-Nikoläuse im Regal, dort findet man sie palettenweise bis an die Hallendecke. Dominosteine bis zum Abwinken. Eigentlich der Traum eines jeden Kindes. Ich selbst liebe Süßigkeiten und habe mir immer mal gewünscht, in einer Süßwarenabteilung für eine Nacht eingeschlossen zu sein. Ich würde essen, bis mir schlecht werden würde.

Aber was ist mit meinem Sohn? Was soll ihm der Nikolaus bringen, wenn schon keinen Schoko-Nikolaus? Was soll ich in den Adventskalender geben? Die käuflichen sind ja meist mit Schokolade gefüllt. Einmal hatte ich einen mit Gummitierchen, aber die waren steinhart. Den konnte ich dann gleich wieder wegwerfen.

So stand ich zwischen Bergen von Leckereien und fragte mich plötzlich: „Warum hast du nicht ein ganz „normales" Kind, eines, das alles essen kann? Eines, das sich auch mal über einen Keks freuen kann?" Ich stand da, schaute mich um und plötzlich bemerkte ich, wie mir die Tränen in die Augen stiegen. Nun hatte ich doch schon einige Jahre mit den Allergien zu tun, sollte doch eigentlich emotional damit abgeschlossen haben – hatte ich aber nicht. Und es wird immer wieder solche Momente geben, wo ich mich frage „warum?" Ich habe dann den Markt ohne Einkäufe verlassen, bin nach Hause und habe gut zwei Tage mit unserem Schicksal gehadert.

Sie werden vielleicht sagen: „Was hat die sich so?" Ja ich weiß, es hätte schlimmer kommen können. Aber für mich waren die lebensbedrohlichen Allergien meines Kindes in diesem Moment das Schlimmste. Sie waren mein Feind. Nun denn – ich habe mich wieder gefangen und ich habe versucht Alternativen zu finden. Das Ergebnis meiner Versuche finden Sie in diesem Kapitel „Weihnachtsbäckerei".

Es gibt auch leere Adventskalender zu kaufen, da gibt es ja so viele Möglichkeiten (Stoff, Bastelkalender usw.). Ich habe sie mit verschiedenen Dingen gefüllt (kleine Süßigkeiten, winzige Spielsachen, Gutscheine für einen Spieleabend oder einen Kinobesuch).

Auch Keksebacken ist bei uns ein altes Ritual. Mit von mir neu entworfenen Rezepten konnten wir alle zusammen Keksteig kneten, ausstechen und verzieren.

Das Keksebacken habe ich auch einmal mit der Kindergartengruppe und mit der ersten Klasse gemacht. Und selbst die Bemerkung einer Mutter: „Was, Kekse mit Margarine? Kekse müssen immer mit guter Butter gemacht werden!" konnte mich nicht beirren. Allen haben die Kekse gut geschmeckt – auch ohne Butter.

Durch diese Aktionen konnten wir auch mit dem Vorurteil aufräumen, dass Allergiker eigentlich nur Zeug essen dürfen, das gesund ist und schlecht schmeckt und eigentlich sind Allergiker ja „ganz arme Schweine". Sie glauben nicht, wie oft wir das schon gehört haben.

Vielleicht haben Sie ja auch mal Lust, mit den Kindern im Kindergarten oder der Schule Kekse zu backen?

175 g Wildblütenhonig
40 g Margarine (milchfrei)
70 g Walnusskerne
70 g Mandeln
20 g Pistazienkerne,
  geschält
100 g Zitronat
250 g Weizen
2 EL Lebkuchengewürz
1 TL Pottasche
2 EL Rum
  (oder Wasser)
75 g Zartbitterkuvertüre
  (milchfrei)

Weihnachtsgebäck
nicht sofort nach dem
Backen in die Dose
geben. Lassen Sie es
erst vollkommen
auskühlen.

Nusslebkuchen

1. Honig und Margarine unter Rühren einmal aufkochen lassen.

2. Walnusskerne, Mandeln, Pistazien und Zitronat fein hacken.

3. Weizen zu feinem Mehl mahlen, mit Lebkuchengewürz, Zitronat und jeweils 50 g Walnusskernen und Mandeln mischen.

4. Den aufgekochten Honig zum Mehl-Nuss-Gemisch geben, die Pottasche im Rum (oder in Wasser) auflösen und ebenfalls zum Mehl geben. Alles zu einem glatten Teig kneten und diesen über Nacht in den Kühlschrank stellen.

5. Am nächsten Tag den Teig knapp 1 cm dick ausrollen, Kreise mit etwa 6 cm Durchmesser ausstechen. Lebkuchen auf ein mit Backpapier ausgelegtes Blech setzen und 12 Minuten bei 200 °C backen.

6. Die Lebkuchen abkühlen lassen, Kuvertüre im Wasserbad auflösen und die Lebkuchen damit überziehen.

7. Mit den restlichen gehackten Walnüssen und Mandeln bestreuen und trocknen lassen.

Orangenkugeln

1. Karotten schälen und klein schneiden. In Wasser und Orangensaft bei mittlerer Hitze weich kochen und pürieren.

2. Margarine in das noch heiße Püree geben und schmelzen lassen.

3. Frutilose, Mehl, Backpulver und Mandeln und Gewürze dazugeben und alles zu einem Teig verrühren.

4. Die Teigmasse etwa 3 Stunden kühl stellen. Anschließend aus dem Teig haselnussgroße Kugeln formen und mit etwas Abstand auf ein gefettetes Backblech legen.

5. Die Kugeln bei 180 °C etwa 20 Minuten backen und danach auf dem Blech abkühlen lassen.

100 g Karotten
30 ml Wasser
30 ml Orangensaft
120 g Margarine
  (milchfrei)
5 EL Frutilose
  (flüssiger Obstzucker)
200 g Dinkelvollkornmehl
1 TL Backpulver
150 g geröstete und
  gemahlene Mandeln
Nelken, gemahlen
Anis, gemahlen

Die Kugeln können zusätzlich mit Orangenmarmelade bestrichen und mit Orangenschale oder Mandelstiften verziert werden.

Bärentatzen

220 g Dinkel
70 g Mandeln, gemahlen
100 g Honig
125 g Margarine
(milchfrei)
1 geh. EL Kakao
¼ TL Zimt
1 MSP Nelken, gemahlen
1 Prise Salz

1. Dinkel fein mahlen und aussieben (die Kleie anderweitig verwenden) und mit den gemahlenen Mandeln mischen.
2. Die übrigen Zutaten hinzufügen und schnell zu einem glatten Teig zusammenkneten. Teig abdecken und eine Stunde kalt stellen.
3. Aus dem Teig zwei 3 cm dicke Teigrollen formen. Mit dem Messer kleine Stücke abschneiden und daraus muskatnussgroße Kugeln formen.
4. Kugeln auf ein gefettetes Backblech setzen und mit einer grobzinkigen Kuchengabel andrücken, so dass die Plätzchen wie kleine Tatzen aussehen.
5. Bärentatzen etwa 15 Minuten im auf 180 °C vorgeheizten Backofen backen und auf einem Kuchengitter auskühlen lassen.

Butterkekse

200 g Mehl
(Weizen oder Mais)
1 MSP Salz
80 g Puderzucker
125 g Margarine
(milchfrei)
etwas Mineralwasser

1. Mehl in eine Schüssel sieben.
2. Zucker und Salz hinzufügen, dann Margarine in Flöckchen darüber verteilen.
3. Alle Zutaten mit einem Knethaken verarbeiten, dabei so viel Wasser dazugeben, dass ein glatter Teig entsteht.
4. Teig vor der Weiterverarbeitung etwa 30 Minuten im Kühlschrank ruhen lassen.
5. Kekse mit Plätzchenformen ausstechen und auf ein mit Backpapier ausgelegtes Backblech setzen. Im Backofen bei 175 °C etwa 10 – 20 Minuten backen.

Wird Rote Bete vertragen, so kann etwas Saft mit Puderzucker verrührt werden und die rosa Glasur auf die Plätzchen gestrichen werden.

Schneetaler

1. Mehl in eine Schüssel geben und in die Mitte eine Vertiefung drücken, Zucker und 1 Päckchen Vanillezucker hinzugeben.

2. Margarine in kleine Stücke schneiden und mit den Mandeln oder Nüssen ebenfalls hinzugeben.

3. Alle Zutaten zu einem glatten Teig verarbeiten. Den Teig in kleinen Portionen ausrollen, mit einer runden Plätzchenform (oder mit einem Glas) ausstechen und auf ein gefettetes Backblech legen.

4. Die Taler bei 175 °C etwa 8 – 10 Minuten backen, anschließend auf einem Kuchengitter auskühlen lassen.

5. Das zweite Päckchen Vanillezucker mit dem Puderzucker vermischen und die noch lauwarmen Kekse damit bestreuen.

300 g Mehl
100 g Zucker
2 Pck. Vanillezucker
275 g Margarine
  (milchfrei)
100 g gemahlene Mandeln
  oder Haselnüsse
50 – 75 g Puderzucker

125 g Sesam
150 g Weizen
100 g Vollrohrzucker
1 Prise Salz
abgeriebene Schale einer
    Zitrone
1 Prise Nelken, gemahlen
125 g Margarine
    (milchfrei)
80 ml Wasser
1 ML Johannisbrot-
    kernmehl
Wasser oder Apfelsaft
Haselnüsse, gemahlen
    oder Sesam

Wenn Sie nach dem
Backen mit dem
Zahnstocher ein
kleines Loch in die
Engel bohren, können
die Plätzchen auch als
Anhänger verwendet
werden.

Sesam-Engelchen

1. Sesam in einem Mixgerät oder in der Mohn-mühle mahlen. Weizen fein mahlen und aussieben (Kleie anderweitig verwenden).

2. Sesam mit Mehl, Zucker, Salz, Zitronenschale und Nelkenpulver mischen und auf die Arbeits-fläche schütten. Eine Mulde in die Mitte des Mehls drücken.

3. Die Margarine in Flöckchen auf den Rand le-gen und das in Wasser angerührte Johannisbrot-kernmehl in die Mulde geben. Alles zu einem glatten Teig verkneten. Teig etwa 30 Minuten kühl stellen.

4. Arbeitsfläche mit etwas Mehl bestäuben und den Teig etwa 4 mm dick ausrollen. Mit einer Plätzchenform kleine Engel ausstechen und auf ein mit Backpapier belegtes Backblech legen. Plätzchen nochmals 15 Minuten kühl stellen.

5. Die Engelchen anschließend bei 175 °C im vorgeheizten Backofen etwa 15 Minuten backen.

6. Mit Wasser oder Apfelsaft bestreichen, Nüsse oder Sesam darauf verteilen, trocknen und aus-kühlen lassen.

Weckmänner

1. Mehl in eine Schüssel geben und in die Mitte eine Mulde drücken.
2. Hefe mit etwas Zucker und etwa 5 EL Wasser verrühren, gut 15 Minuten abgedeckt gehen lassen.
3. Die Margarine vorsichtig erwärmen, bis sie flüssig wird.
4. Hefe, Margarine, restlichen Zucker und Wasser sowie Salz zu dem Mehl geben und alles zu einem elastischen Teig verkneten. Den Teig etwa 30 Minuten gehen lassen.
5. Teig etwa 1 cm dick ausrollen. Mit einer Form Weckmänner oder andere Figuren ausstechen.
6. Weckmänner auf ein gefettetes Backblech legen und bei 170 °C etwa 10 Minuten backen.

500 g Mehl
1 Würfel Hefe oder
* 1 Pck. Trockenhefe*
100 g Zucker
125 g Margarine
* (milchfrei)*
¼ l lauwarmes
* Mineralwasser*
1 TL Salz

Weckmänner passen gut zur Weihnachtszeit, aber auch zu den Martinsumzügen im November. Beim Bäcker werden Weckmänner meist mit Ei oder Milch bepinselt – die selbst gebackenen sind eine leckere Alternative.

Rote Kipferl

50 g Rote Bete
60 ml Wasser
125 g Weizenvollkornmehl
1 TL Backpulver
4 EL Sesam
60 g Honig oder
  Ahornsirup
Anis, gemahlen
Piment, gemahlen
Koriander, gemahlen

1. Die Rote Bete dünn abschälen, klein schneiden und in dem Wasser in etwa 10 Minuten weich kochen.

2. Etwa 2 EL Kochwasser beiseite stellen. Die Rote Bete etwas abkühlen lassen und dann pürieren.

3. Rote Bete mit Mehl, Backpulver, 2 EL Sesam und Honig oder Ahornsirup verkneten.

4. Mit Anis, Piment und Koriander kräftig abschmecken und den Teig etwa 15 Minuten ruhen lassen.

5. Anschließend mit feuchten Händen Rollen von knapp 1 cm Durchmesser formen und Hörnchen bilden.

6. Hörnchen auf ein gefettetes Bachblech legen, mit Rote-Bete-Kochwasser bestreichen und mit dem restlichen Sesam bestreuen. Etwa 15 Minuten bei 200 °C backen.

Spitzbuben

1. Mehl und Backpulver mischen, auf die Arbeitsfläche schütten und in der Mitte eine Mulde formen.
2. Das in Wasser gelöste Johannisbrotkernmehl, Honig und Gewürze dazugeben.
3. Margarine in Stücke schneiden und auf dem Mehl verteilen, alles mit kühlen Händen rasch zu einem glatten Teig kneten. Den Teig abgedeckt eine Stunde im Kühlschrank ruhen lassen.
4. Teig portionsweise zwischen Plastikfolie ausrollen und Sterne ausstechen. Bei jedem zweiten Stern mit einem Fingerhut in der Mitte einen Kreis ausstechen.
5. Ein Backblech mit Backpapier belegen und die Plätzchen darauf legen. Im auf 170 °C vorgeheizten Backofen auf der mittleren Schiene etwa 12 – 14 Minuten hellbraun backen, dann abkühlen lassen.
6. Ganze Sterne mit etwas Marmelade bestreichen und jeweils mit einem gelochten Stern bedecken, dabei die Sternzacken versetzen. Die Spitzbuben gut trocknen lassen.

125 g Weizen,
fein gemahlen
250 g Hafer, fein gemahlen
2 geh. TL Backpulver
80 ml Wasser
1 ML Johannisbrot-
kernmehl
4 EL Honig
¼ TL Vanillepulver
1 Prise Salz
125 g kalte Margarine
(milchfrei)
Aprikosenmarmelade

Statt der Aprikosenmarmelade können sie auch andere Marmeladensorten verwenden, je nach Verträglichkeit und Geschmack (z. B. Johannisbeermarmelade).

Und es geht doch – ein Lebkuchenhaus!

Sie kennen das sicher: Vorweihnachtszeit, die Zeit des Bastelns und des Backens.

Irgendwann wollte mein Sohn dann auch mal so ein tolles Lebkuchenhaus, wie man es in der Bäckerei im Schaufenster sieht. Ich – nicht faul – habe mich informiert. Der Teig der Häuser, die man beim Bäcker kauft, ist meist mit Ei oder Milch. An den Kauf eines fertigen Hauses brauchen Sie gar nicht erst zu denken. Und der weiße Zuckerguss, mit dem die Schokoladenlebkuchen befestigt sind, besteht zu einem Großteil aus Hühnereiweiß.

Durch Zufall entdeckte ich bei einem schwedischen Möbelhaus in der Abteilung schwedische Lebensmittel einen Bausatz für ein Lebkuchenhaus. Zutatenliste gelesen – Na also! Ohne Milch und ohne Ei. Mein Sohn hat sich riesig gefreut, als ich mit dem Bausatz ankam. Er war gar nicht mehr zu bremsen und wollte sofort ans Werk gehen. Ich machte mir so meine Gedanken, wie und was wir anbringen wollten.

Ich fand folgende Lösung: Das Haus selbst wurde mit Zucker zusammengeklebt.

Das heißt, Sie geben etwas Zucker in einen Topf (ca. 100 g) und lassen diesen langsam warm werden, bis er schmilzt. Das ist Ihr Klebstoff.

Schnell etwas Zuckerkleber auf die Kanten der Wände geben und die Wände zusammendrücken. Schnell, weil das Zeug sehr schnell auskühlt und dann steinhart wird. Das heißt aber auch, dass das Haus auch schnell zusammengebaut ist.

Als Dekoration wählten wir Gummibärchen, Gummileckereien und Süßigkeiten aller Art, die milchfrei waren.

Befestigt habe ich das Ganze so:

Puderzucker in eine kleine Schale sieben und mit sehr wenig heißem Wasser vermengen. Am besten Tropfen für Tropfen dazugeben. Der Zuckerguss muss so richtig zäh sein und darf nicht fließen. Dann werden die Süßigkeiten mit dem Zuckerguss am Haus festgeklebt.

In den Schornstein ein Stück Watte, vor das Haus zwei Lego-Figuren. Sieht echt toll aus.

Inzwischen habe ich den Bausatz auch in einigen Supermärkten gesehen.

Bitte lesen Sie immer die Zutatenliste genau durch!

Sollten Sie ganz kreativ sein, können Sie das Haus auch selber backen. Ist aber sehr aufwändig und es soll auch schon zu Pfusch am Bau gekommen sein.

Rosinen-Marzipan-Stollen

500 g Mehl
2 Pck. Hefe
1 ML Johannisbrot-
    kernmehl
160 ml Wasser
100 g Honig
150 g Margarine
    (milchfrei)
1 Prise Salz
2 TL Orangenschalenaroma
2 TL Zitronenschalenaroma
3 EL Wasser
    oder Sojamilch
250 g Rosinen
250 g Honigmarzipan
50 g Margarine (milchfrei)

Statt des Orangen-
und Zitronenschalen-
aromas können sie die
Schalen auch frisch
reiben. Dann sollten
sie aber unbehandeltes
Obst verwenden und
die Orange und
Zitrone vor dem
Reiben heiß abspülen.

1. Mehl auf die Arbeitsfläche geben, in die Mitte eine Mulde formen. Hefe mit etwas lauwarmem Wasser und Zucker anrühren und etwa 10 Minuten gehen lassen. Johannisbrotkernmehl in dem Wasser anrühren.

2. Hefe, Honig, Margarine, Salz, Orangen- und Zitronenschalenaroma, Wasser oder Sojamilch und Johannisbrotkernmehl zu dem Mehl geben und alles gut verkneten.

3. Den Teig zugedeckt an einem warmen Ort etwa 1 Stunde gehen lassen, bis er sein Volumen verdoppelt hat.

4. Teig nochmals durchkneten und die Rosinen einarbeiten. Teig zu einem 4 – 5 cm dicken Oval ausrollen, Marzipan zu einer Rolle formen und längs auf den Teig legen.

5. Den Teig so zu einem Stollen aufrollen, dass der untere Teil des Teiges etwas übersteht, den Stollen auf ein gefettetes Backblech setzen und nochmals gehen lassen.

6. Im vorgeheizten Backofen bei 200 °C etwa 1 Stunde backen. Noch heiß mit flüssiger Margarine bestreichen.

Aniszopf

1. Weizen fein mahlen. Hefe mit etwas Wasser und Zucker anrühren und etwa 10 Minuten gehen lassen.
2. Hefe, gut ⅛ l Wasser, Honig, Öl und Anis zu dem Mehl geben und alles gut verkneten. Den Teig etwa 5 Minuten durcharbeiten.
3. Den Teig zu einer Kugel formen und in etwas Öl wälzen. 40 Minuten gehen lassen, anschließend nochmals durchkneten.
4. Teig in drei Portionen aufteilen und diese zu Rollen formen. Die Teigstränge zu einem Zopf flechten, dabei die Enden mit etwas Wasser bestreichen und zusammenpressen.
5. Den Zopf auf ein gefettetes Backblech setzen und mit zerlassener Margarine bestreichen. Mit Mohn bestreuen und 10 Minuten gehen lassen.
6. Aniszopf auf der untersten Schiene bei 200 °C etwa 35 Minuten backen.

550 g Weizen
40 g Hefe
⅛ l Wasser
60 g Honig
50 g Öl
2 EL Anis
40 g Margarine (milchfrei)
1 EL Mohn

Braune Kuchen

1. Hirschhornsalz und Pottasche getrennt in etwas Wasser anrühren.
2. Alle Zutaten mit dem Knethaken des Handrührgerätes zu einem festen Teig verarbeiten.
3. Teig auf einer bemehlten Arbeitsplatte möglichst dünn ausrollen.
4. Rechtecke oder Rhomben aus dem Teig schneiden oder verschiedene Formen ausstechen.
5. Küchlein auf einem gefetteten Backblech im vorgeheizten Ofen bei 190 °C 8 – 10 Minuten backen.

1 geh. TL Hirschhornsalz
1 geh. TL Pottasche
300 g Margarine
*   (milchfrei)*
250 g Zuckerrübensirup
250 g Zucker
250 g Haferflocken
500 g Mehl
50 g geriebene Mandeln
1 geh. TL Backpulver
Saft einer Zitrone
2 geh. TL Kardamom
4 EL Zimt

75 g Mandeln
100 g ungeschwefelte
  Rosinen
4 EL Rum (oder Wasser)
100 g Zitronat
100 g Orangeat
500 g Weizen,
  fein gemahlen
1 Würfel Hefe
200 – 220 ml Sojamilch
  (oder Wasser)
2 ML Johannisbrot-
  kernmehl
80 ml Wasser
1 Prise Salz
100 g Honig
¼ TL Vanillepulver
50 g Margarine (milchfrei)
1 gestr. TL Zimt
1 MSP Kardamom,
  gemahlen
1 MSP geriebene
  Muskatnuss
50 g Margarine zum
  Bestreichen

Weihnachtsstollen

1. Mandeln brühen, schälen und in Stifte schneiden. Rosinen im erwärmten Rum (oder in Wasser) quellen lassen. Zitronat und Orangeat würfeln.

2. Mehl in eine große Schüssel geben, in die Mitte eine Mulde eindrücken. Hefe zerbröckeln und mit etwas lauwarmer Sojamilch oder Wasser verrühren, bis sie aufgelöst ist. Hefe in die Mulde gießen und mit wenig Mehl bestäuben. Etwa 10 Minuten gehen lassen. Johannisbrotkernmehl in dem Wasser anrühren.

3. Nun die restliche Sojamilch, Johannisbrotkernmehl, Salz, Honig, Vanillepulver und die weiche Margarine unter Rühren hinzugeben. Teig kräftig kneten, er muss schwer reißend vom Löffel oder Haken fallen, soll aber noch gut feucht sein. Zum Ende der Knetzeit Mandeln, Rosinen, das Zitronat und Orangeat sowie die Gewürze zum Teig geben.

4. Den Teig zugedeckt kühl stellen und über Nacht ruhen lassen.

5. Den Teig nochmals kneten und einen Stollen formen. Mit der Hälfte der zerlassenen Margarine bestreichen. Im auf 200 °C vorgeheizten Backofen auf mittlerer Schiene etwa 50 Minuten backen lassen. Eventuell nach 30 Minuten abdecken.

6. Stollen nach dem Backen mit der restlichen zerlassenen Margarine bestreichen und abkühlen lassen. 3 – 4 Tage durchziehen lassen.

Weihnachtsbrot

1. Weizen fein mahlen. Hefe mit etwas Zucker und lauwarmem Wasser anrühren und etwa 10 Minuten gehen lassen. Zitronat und Orangeat klein schneiden.

2. In die Mitte des Mehls eine Mulde formen, Hefe hineingeben. Mineralwasser, Öl, Honig, Salz, Kardamom, Zitronenschale, Zitronensaft und Vanille zu dem Mehl geben und alles zu einem glatten Teig verarbeiten. Den Teig dabei gut durchkneten. Gegen Ende der Knetzeit Orangeat und Zitronat, Rosinen und gehackte Mandeln dazugeben und mitkneten.

3. Teig in etwas Mehl wälzen und 1 Stunde gehen lassen.

4. Anschließend den Teig noch einmal kurz durchkneten und zu einem Stollen formen. Auf ein gefettetes Backblech legen, bei 200 °C etwa 45 Minuten backen.

5. Margarine und Honig zerlaufen lassen, Brot damit bestreichen mit den Mandeln bestreuen.

700 g Weizen
40 g Hefe
50 g Zitronat
50 g Orangeat
0,3 l Mineralwasser
100 g Öl
100 g Honig
Salz
Kardamom, gemahlen
abgeriebene Zitronenschale
Saft einer Zitrone
Vanillepulver
150 g Rosinen
75 g gehackte Mandeln
30 g Margarine
1 EL Honig
25 g gehackte Mandeln

Das Weihnachtsbrot
sollte noch heiß sein,
wenn es mit der
Margarine bestrichen
wird.

140 g Mehl
140 g Margarine
(milchfrei)
70 g Zucker
70 g gemahlene Mandeln
1 Prise Salz
4 TL Zimt

Verwenden Sie für
jede Sorte
Weihnachtsgebäck
eine extra Dose,
damit das Aroma
erhalten bleibt.

Zimtbrezel

1. Mehl auf eine Arbeitsfläche geben, in die Mitte eine Mulde formen. Margarine in Flöckchen auf den Rand setzen.

2. Zucker, Mandeln, Salz und Zimt hinzufügen, zu einem glatten Teig verkneten und etwa 30 Minuten kalt stellen.

3. Aus dem Teig 12 cm lange, dünne Rollen drehen, zu Brezeln formen und auf ein mit Backpapier ausgelegtes Backblech setzen. Im vorgeheizten Backofen bei 200 °C etwa 12 – 15 Minuten backen.

4. Nach Wunsch mit Glasur bestreichen und mit Zimt bestreuen.

Über die Autorin

Beate Schmitt arbeitet freiberuflich als Allergieberaterin.

Durch die Erkrankung ihres Sohnes an lebensbedrohlichen Allergien, Asthma und Neurodermitis
entschloss sich Frau Schmitt eine Selbsthilfegruppe
zu gründen. Die „Allergiker Selbsthilfe e. V. Kelkheim" ist seit 1993 ein gemeinnütziger Verein, der
bundesweit tätig ist.

Die Autorin hat sich im Bereich Allergien und
Allergievorbeugung, Asthma, Neurodermitis, Zöliakie und Hyperaktivität weitergebildet und schließlich ihre Berufung zum Beruf gemacht.

Sie schreibt Artikel in Fachzeitschriften und Ver-
brauchermagazinen, bestückt neben ihrer eigenen
Homepage noch eine weitere Internetseite im Bereich Gesundheit, schult bundesweit Apotheker-
teams und hält Vorträge. An erster Stelle steht für Sie
aber die Beratung von Betroffenen.

Frau Schmitt ist Mitglied im ÄDA (Ärztever-
band Deutscher Allergologen) und im abap (Aktions-
bündnis Allergie Prävention).

Anhang

Wichtige Adressen

Selbsthilfegruppen

Deutscher Allergie und Asthma Bund e.V.
Hindenburgstr. 10, 41061 Mönchengladbach
Tel: 0 21 61/81 49 40
info@daab.de

AAK e.V.
Arbeitsgemeinschaft allergiekrankes Kind e.V.
Nassaustr. 32, 35745 Herborn
Tel: 0 27 72/9 28 70
www.aak.de

AuK e.V.
Allergie und umweltkrankes Kind e.V.
Westerholter Str. 142, 45892 Gelsenkirchen
Tel: 02 09/3 05 30
www.members.aol.com/AUKGE/
AUKGE@aol.com

Deutsche Haut und Allergiehilfe e.V.
Gotenstr. 164, 53175 Bonn
Tel: 02 28/36 79 10
E-Mail: DHA-DSL@t-online.de

DNB e.V.
Deutscher Neurodermitikerbund e.V.
Spaldingstr. 210, 20097 Hamburg
Tel: 0 40/23 08 10
www.DNB-EV.de

Deutsche Zöliakie Gesellschaft
Filderhauptstr. 61, 70599 Stuttgart
Tel: 07 11/45 45 14
www.dzg-online.de

Informationen Latexallergie L.A.I.V. e.V.
Latexallergie-Informationsvereinigung
Postfach 210413, 72027 Tübingen
Tel: 0 70 73/51 64
www.laiv.de

Selbsthilfegruppe hereditäre Fructoseintoleranz
Dürerstr. 88, 47447 Moers
www. fructoseintoleranz.de

Neurodermitistherapie
Schwelmer Modell GmbH
Therapiezentrum Schwelm
Markgrafenstr. 6, 58332 Schwelm
Tel: 0 23 36/4 79 80
www.schwelmer-modell.de

Buchtipp
ECO-Address, Das alternative Branchenbuch
Adressen bundesweit für Naturkost,
Reformhäuser, Hersteller spezieller Produkte
Sehr gutes Nachschlagwerk.
ALTOP Verlag E-Mail info@eco-world.de
www.eco-world.de

Im Internet

Es ist nicht zu leugnen, im Internet findet man immer wieder tolle Sachen.
Ein Grund, weshalb ich hier einige interessante Seiten vorstellen will.

► Natürlich zuallererst mal meine eigene Homepage.
www. allergieberatung-schmitt.de.
Infos zu allen Allergien, Praktische Tipps, immer was Neues.

► Das Kaufhaus für Allergiker im Internet.
www. Allergate.de. Hier bekommen Sie alles, was das Allergikerherz begehrt.
Von den milbendichten Bezügen für das Bett bis zur speziellen Kost für Allergiker. Hinzu kommt ein Bereich mit Informationen.

► Informationen zum Thema Ernährung finden Sie bei
www.Inform24.de, einfach mal reinschauen. Sehr interessant.

► Glutenfreie Lebensmittel kann man bestellen unter
www.querfood.de

► Wenn Sie sich ökologisch ernähren wollen und keine Zeit haben, immer
alles frisch zu zubereiten, dann gibt es jetzt auch schon Tiefkühlkost.
Unter www.oekofrost.de können Sie sich informieren und bestellen.

► Für alle, die vegane Tiefkühlkost suchen, ist die Adresse www.Vegafrost.de
interessant.

► Ebenfalls Tiefkühlkost, sei es für Allergiker oder auch Zöliakieleute, bietet
die Firma Brinker unter www.brinker.de an.

► Service rund um „Süßwaren und Ernährung"
Adresse www.suessefacts.de
Neueste Informationen zum Thema Süßwaren und Ernährung, Literaturtipps
und Broschüren.

► Infoforum Schimmelpilz
Adresse www.schimmelpilz.de
Informationen über Schimmelpilzerkrankungen, Analysen und vieles mehr

► Unter der Internet-Adresse: www.allergie-info.de bietet Glaxo Welcome
einen produktneutralen Dienst für Heuschnupfenpatienten an.

► Medikamente im Internet
Wenn Sie mehr über Medikamente und deren Wirkungsweise wissen wollen
oder es Sie interessiert, welches Medikament gerade mal wieder in Verruf
geraten ist, dann können Sie diese Informationen unter
www.arznei-telegramm.de oder www.infomed.org
abrufen.

► Ein umweltmedizinisches Informationsforum hat die Dokumentations-
und Informationsstelle für Umweltfragen (DISU) ins Netz gestellt. Eine
Vernetzung mit dem Allergie-Dokumentations- und Informationszentrum
ADIZ besteht.
www. uminfo.de

Ergänzungen und Aktualisierungen zu dieser Liste finden Sie auf der
Seite zu diesem Buch unter der Internetadresse des pala-verlags:
www.pala-verlag.de.

Sachindex

Rezeptindex

Kochen ohne tierisches Eiweiß

Herbert Walker:
**Vollwertig kochen und backen
mit Pfiff – ohne tierisches Eiweiß**
ISBN: 3-89566-146-5

Suzanne Barkawitz:
Vegan genießen
ISBN: 3-89566-137-6

Angelika Krüger:
**Vegetarisch kochen –
international**
ISBN: 3-89566-117-1

Alexander Nabben:
Kochen und backen mit Tofu
ISBN: 3-89566-158-9

Gesunde Ernährung von Anfang an

Irmela Erckenbrecht:
Das vegetarische Baby
ISBN: 3-89566-143-0

Irmela Erckenbrecht:
So schmeckt's Kindern vegetarisch
ISBN: 3-89566-170-8

Kirsten Homuth:
**Ernährungsumstellung – eine
Chance für mein hyperaktives Kind**
ISBN: 3-89566-142-2

Gerhild Mann:
**Neurodermitis –
was koche ich für mein Kind?**
ISBN: 3-89566-138-4

Gesamtverzeichnis bei:
pala-verlag, Rheinstraße 37, 64283 Darmstadt, www.pala-verlag.de